INDISPENSÁVEL, IMBATÍVEL E INVENCÍVEL

Marcos
Scaldelai

INDISPENSÁVEL,
IMBATÍVEL E
INVENCÍVEL

CARO LEITOR,

Queremos saber sua opinião sobre nossos livros.

Após a leitura, curta-nos no facebook/editoragentebr,

siga-nos no Twitter @EditoraGente e visite-nos no site

www.editoragente.com.br.

Cadastre-se e contribua com sugestões, críticas ou elogios.

Boa leitura! #LivrosFazendoGente

INDISPENSÁVEL, IMBATÍVEL E INVENCÍVEL

Marcos Scaldelai

INDISPENSÁVEL, IMBATÍVEL E INVENCÍVEL

Estratégias para se destacar, gerar resultados e ter o reconhecimento que você merece

INDISPENSÁVEL, IMBATÍVEL E INVENCÍVEL

INDISPENSÁVEL, IMBATÍVEL E INVENCÍVEL

Diretora
Rosely Boschini

Gerente Editorial
Carolina Rocha

Assistente Editorial
Audrya de Oliveira

Controle de Produção
Fábio Esteves

Analista de Produção Editorial
Karina Groschitz

Preparação
Anita Deak

Projeto Gráfico e Diagramação
Balão Editorial

Revisão
Leonardo do Carmo

Capa
Nine Design | Mauricio Nisi Gonçalves

Impressão
Edições Loyola

Rua Wisard, 305, São Paulo, SP
CEP 05434-080
Telefone: (11) 3670-2500
Site: www.editoragente.com.br
E-mail: gente@editoragente.com.br

Dados Internacionais de Catalogação na Publicação (CIP)
Angélica Ilacqua CRB-8/7057

Scaldelai, Marcos
Indispensável, imbatível e invencível / Marcos Scaldelai. – São Paulo: Editora Gente, 2018.
192 p.

ISBN 978-85-452-0284-4

1. Sucesso nos negócios 2. Sucesso 3. Autorrealização I. Título

18-1590 CDD 650.1

Índice para catálogo sistemático:
1. Sucesso nos negócios

Dedico este livro a todos que me ajudaram a gerar minhas novas oportunidades, me manter em destaque no que escolhi fazer neste meu novo momento, que me ajudaram a não parar de sonhar, pois sonho grande, e que me fortaleceram para que eu enxergasse minhas conquistas com muito mais clareza.

Dedico a todos que acreditaram nos resultados que eu poderia gerar, pois entenderam a minha verdade absoluta através do brilho dos meus olhos. Isso me fez sentir cada vez mais relevante na vida de todos.

AGRADECIMENTOS

Agradeço a Deus, por me fortalecer na fé diariamente, e a Nossa Senhora, por me abraçar nos momentos de muitas dúvidas.

Agradeço minha esposa e meus filhos, que criaram uma barreira, sem saber, ao meu redor, para me blindar do que realmente não era necessário. E a minha família inteira, por olharem para mim sempre com orgulho pelos desafios que iria vencer.

Como é bom se sentir amado. Como é bom se sentir transformado e ser um agente transformador. Cada retorno que tenho de alguém que leu um livro meu, que assistiu a uma palestra minha, só me enche de vontade de fazer mais e mais.

Continuo buscando eternamente minha meta de vida, que é ser feliz. Garanto que somente consigo alcança-la, porque acordo todos os dias com vontade de viver, de fazer diferente, de acrescentar na vida do outro, de querer ser melhor do que ontem!

SUMÁRIO

Prefácio

Nem todos sabem, mas sou dentista. Assim, posso dizer que, como o Marcos, me reinventei. Formado em odontologia, eu estava numa rota relativamente traçada. Após dois anos e meio exercendo a mesma profissão que meu pai, eu já tinha três consultórios odontológicos – todos em bairros periféricos de São Paulo. Foi então que resolvi mudar drasticamente meu futuro, saí do caminho tradicional – no qual eu seguia os passos de meu pai – e fui para o segmento de alimentação. Vendi meus consultórios e montei a primeira loja China In Box, em 1982.

Para quem tem uma atitude empreendedora bastante aflorada, não existe zona de conforto. Esse termo simplesmente não faz parte do vocabulário. Em compensação, há de sobra uma inquietude constante que faz querer ser – e continuar – protagonista da própria história, liderando e influenciando mais gente a caminhar para frente, evoluir.

Posso garantir que nunca existiu conformismo na minha vida. Como dentista, comecei trabalhando para um colega mais experiente, até juntar o meu dinheirinho para ter o meu primeiro consultório. Rapidamente, montei mais dois. A minha ideia na época – tenho, inclusive, material guardado – era criar uma grande rede de clínicas.

Hoje, as pessoas podem olhar para o nosso grupo e constatar o quanto está estabilizado, mas foi uma construção somente possível com máxima atenção para nunca entrarmos na estagnação. Tanto que estamos fazendo uma nova revolução em nossas duas marcas, China in Box e Gendai, incorporando muita tecnologia, para continuarmos inovando.

Essa inquietude precisa fazer parte da vida de quem quer fazer a diferença, e está 100% presente na atitude do Marcos Scaldelai. Eu participava de um grande evento empresarial em Florianópolis, quando tive a chance de conhecê-lo e também sua esposa. Pude assistir à sua palestra e achei a sua história belíssima, me emocionou bastante.

Como ele mesmo gosta de enfatizar – e faz muito bem – nunca teve apadrinhamento. Filho de professores, estudou em escola pública no interior paulista, mudou-se para a capital sozinho e conquistou tudo por mérito próprio.

Eu também vim de uma família simples e estava sendo treinado para ser o sucessor do meu pai em sua dupla jornada, pois, além de dentista, tinha uma loja de materiais de construção. Só que eu não admitia receber tudo de mão beijada. Ainda mais por saber de todo o esforço que ele dedicou, junto com meu avô, para formar aquele pouquinho de valor inestimável para nós. Eu queria seguir a minha própria jornada.

Então, me identifiquei com o Marcos, que também quis conquistar seu caminho baseado na meritocracia. É uma pessoa incrível, que faz o bem e gosta de compartilhar o bem. Além de formar novos empreendedores, ele contribui para que os jovens tenham referência de que, sim, é possível prosperar com seus próprios valores. Marcos fez isso enquanto esteve no mundo corporativo e mais recentemente empreendendo, o que mostra que o futuro está nas mãos de cada um. Sempre.

Você será consequência das suas escolhas. Tem gente que enveréda por um caminho com o qual eu não compartilho: por exemplo, tentando ser amigo de todo mundo, nem sempre falando a verdade. São poucos os que prosperam dizendo não às facilidades, mas esses poucos precisam estar nas palestras, nos livros e onde mais for possível para servirem de exemplo.

É por isso que mais uma vez eu parabenizo a atitude que o Marcos tem de deixar a sua história pública, de registrá-la nas próximas páginas, para incentivar mais e mais leitores a escolherem crescer pelo caminho do bem. É muito mais bacana que seja assim! Poder caminhar de cabeça erguida em qualquer lugar, sendo muito bem recebido, não tem preço.

Marcos, que orgulho ser convidado a prefaciar este livro! Que prazer, cara! Eu fico muito feliz por saber que você me tem como uma de suas referências. Também sou seu grande amigo e admirador.

Robinson Shiba,
fundador das Redes China In Box e Gendai

Introdução

A VIDA NÃO PRECISA SEGUIR UMA ROTA LINEAR

Decidi que era o momento de mudar de rota. Eu precisava me refazer – e essa foi uma das melhores decisões de minha vida. Trilhei um novo e promissor caminho depois de ter passado por grandes empresas nacionais e multinacionais, conhecidas e amadas no Brasil, indo de estagiário a presidente. Com apenas 36 anos, sem apadrinhamento nem pular degraus, cheguei ao ápice de uma carreira executiva conquistada com muita coragem e dedicação.

Entretanto, chegou o dia em que aquela posição já não me satisfazia mais, ao contrário, o conforto era incômodo. Muitos me perguntam: Quando você percebeu que era hora de mudar? Como recomeçou de modo a continuar sendo relevante e se mantendo em destaque? Quais pilares o fizeram continuar crescendo? Foi por causa dessas perguntas que decidi compor esta obra, para compartilhar minha jornada com você, e para, ao final do livro, motivá-lo a se renovar também.

A base para iniciar sua grande virada é romper com o automatismo. Nos dias de hoje, essa é a condição essencial para qualquer profissional alcançar vitórias sem nunca ter de se deparar com o fim da linha. Para crescer, é preciso entender que a vida não tem que seguir uma rota linear, e que temos o desafio contínuo de nos reinventar para nos sentirmos vivos, produtivos, felizes! É com essa discussão que pretendo guiá-lo nos próximos capítulos.

Escrevi meu primeiro best-seller, *Você pode mais! 99,9% não é 100%*, em 2015, quando presidia a Bombril. O livro, comentado até hoje, fala de como ser o número 1 na vida profissional e nos negócios, e aborda um dos temas mais pedidos em minhas palestras. Por ter formado equipes de alta *performance* no universo do varejo, durante meu processo de saída da presidência dessa empresa, escrevi o segundo livro: *Vendedor Falcão – visão, velocidade e garra para vencer*, lançado em outubro de 2016.

Este terceiro livro, que chega às suas mãos, tem um objetivo especialíssimo. Eu queria escrever uma obra que celebrasse a estimulante fase que vivo pós-Bombril e que tivesse tudo a ver com o que estou falando no mercado hoje: a necessidade que todo profissional tem de se adaptar, fazer novas escolhas e mudar, quantas vezes desejar, para impulsionar seus sonhos profissionais e pessoais.

O primeiro ponto crucial a ser desconstruído é que as pessoas em geral ficam tão preocupadas somente em atingir salários altos, um colchão financeiro superior ao dos parentes e amigos, que esquecem o mais importante: ser feliz.

Diversos exemplos à nossa volta mostram que não adianta receber um salário invejável e ser infeliz. Isso não é inteligente. A opção deve ser, sempre, ganhar bastante dinheiro como consequência de fazer o que se ama, e eu vou lhe mostrar como isso é possível.

Falar sobre *reinvenção* exige que alinhemos algumas premissas bastante importantes. Muita gente acha que mudar e buscar uma vida profissional alinhada aos seus valores e com resultados para si e para o negócio exige desligar-se da empresa onde trabalha, apagar o caminho percorrido e jogar tudo para o alto. Saiba que não é nada disso.

Um dos capítulos, inclusive, trata mais profundamente dessa confusão tão comum. Você pode se reinventar, se destacar, ter resultados e se sentir valorizado dentro da própria carreira, da companhia ou do negócio em que está inserido. Basta decidir romper com o automatismo de pensar que o único caminho é começar como estagiário ou *trainee*, ser efetivado como analista, virar gerente e depois alcançar a diretoria, como se existisse apenas essa escada e um único modo de subi-la.

Não se trata de desprezar esse caminho. Apenas não fique rígido nem se acomode. Ainda é possível crescer em linha reta, óbvio, até porque grandes empresas, principalmente multinacionais, acenam com planos de carreira nesse formato. Entretanto, quem identificar curvas, atalhos, bifurcações, vias paralelas, poderá criar novos sentidos, desafios, realizações para sua vida seja lá onde for, inclusive dentro da empresa em que atua. A forma com que fará isso será pessoal, e o ganho será de todos. É importante contextualizar que, diante de tantas turbulências nas economias brasileira e mundial, a necessidade de inovar, buscando uma rota não linear de crescimento, é tremendamente potencializada.

A propósito, talvez, à primeira leitura da palavra *crise* neste livro, é possível que imediatamente você pense na crise na economia, na política etc. que tem assolado não apenas nosso país, mas inúmeros outros. Isso é natural, essas crises são reais e têm de ser consideradas. Porém, há uma outra, que pode estar em curso, que é a crise interior, quando você, como profissional, sente que algo profundo e importante se perdeu ao longo de sua trajetória, e ela não traz tudo com que sonhou. Vou ser franco: sobretudo quando o país não anda bem, a única pessoa que não pode estar em crise é você. Se isso estiver acontecendo, você precisa assumir uma nova postura o quanto antes ou vai se frustrar ainda mais.

Ao longo da carreira, estando no topo ou não, há uma série de "nãos" que acabamos dizendo quando nos sentimos pressionados a atender expectativas que, muitas vezes, não são nossas: "não" para nossas opiniões; "não" para ideias; "não" para novos projetos; "não" para aquelas férias há tempos planejadas, mas que precisam ser adiadas para não deixar determinado prazo estourar; "não" para momentos com amigos e pessoas queridas... Até que um dia nos deparamos com uma situação-limite e pensamos: "Minha vida tem que mudar", "Não posso continuar assim". Isso ocorre quando não estamos sendo autênticos nem felizes, e não enxergamos condições para melhorar dentro do caminho que estamos percorrendo.

Quando isso ocorre, a melhor atitude é dar alguns passos diferentes, que podem ser para o lado ou para trás, mas sem tropeçar no arrependimento, na indecisão e na improdutividade. Eu vivi essa situação e estou disposto a lhe mostrar o que tem de ser feito para você gerir sua reinvenção profissional e fazê-la dar certo. Se você está consciente de que tem que refazer sua rota de sucesso, venha comigo.

Vou contar, nas próximas páginas, o porquê de eu ter feito mudanças importantes em vários momentos da minha vida e carreira, e como encaixei muito bem meus sonhos nas atividades que realizo. Já adianto que a mudança não é só no trabalho: é interna. Muitas vezes, é necessário entender que o problema é você. Só assim é possível fazer um movimento consistente, sem fantasia.

Naturalmente, no momento em que você decide mudar, se diferenciar, seja na empresa em que trabalha, numa outra ou empreendendo, sua cobrança interna aumenta, e o julgamento externo também. Fique tranquilo, porque há uma forma de se blindar contra essa dupla pressão e de ajudá-lo a se reerguer, e mesmo de impedi-lo de afundar. Ensinarei essa estratégia a você e mostrarei a diferença que ela faz na minha vida e nos meus bons resultados.

Para ter sucesso, você precisa trilhar um caminho que o possibilitará acordar todos os dias satisfeito com a vida, que o fará sentir-se com energia e brilho nos olhos. Não digo isso para soar bonito, mas porque não temos todo o tempo do mundo para ficar dando passos e mais passos que não nos guiam para o que faz nosso coração pulsar com mais força.

Quando você encontra esse caminho e toma a decisão de segui-lo, bingo! Dá certo!

Isso aconteceu comigo, deu certo, e dará para você também. Sou a prova de que os jovens profissionais de hoje desejam crescer cada vez mais rápido. Foi assim comigo, aliás. Acelerei meu crescimento por ter tido a coragem para correr os riscos de mudar (de equipes, áreas, empregos) e de inovar (nas estratégias, campanhas, ideias). Há pouco tempo, eu era um alto executivo, que atingira o cargo mais cobiçado por um profissional de carreira corporativa, mas, quando me dei conta, meus olhos não brilhavam mais com o que fazia. Eu precisei me refazer.

De uma coisa eu sabia: queria continuar relevante para o mercado e trabalhar feliz. Embora fundos de investimento privados me chamassem para comandar outras empresas, eu dizia a mim mesmo "Não quero mais esse caminho". Você deve estar se perguntando: Por que ele saiu de uma grande empresa, quando tinha o cargo dos sonhos de muita gente, e ainda se recusou a assumir outros cargos igualmente importantes? Nos próximos capítulos, você terá a resposta e saberá quantas novas oportunidades gerei. Não necessariamente você precisa fazer o que fiz, mas o caminho pode inspirá-lo nas mudanças que necessita fazer.

Antes de escrever este livro, eu estava aguardando a consolidação da minha última grande mudança, para passar, com o aval da experiência prática, a lição de como sair do automatismo e alcançar os seus sonhos. Coincidentemente, fui chamado para palestrar num grande evento e resolvi levar esse tema. A receptividade foi gigantesca, o que me motivou ainda mais a escrever sobre o meu aprendizado.

A proposta é essa: que você se refaça para buscar desafios. Torne sua rota menos linear a partir do momento em que entender que está na zona de conforto, um dos maiores vilões do seu crescimento. Adiante, apresentarei quatro perguntas para você fazer em frente ao espelho. Se responder "não" a todas elas, meu amigo, não tem linha reta mais. Às vezes, é difícil entender que estamos acomodados, pois você pode se manter assim, vivendo ondas de estresse ou não.

Considere a sua situação atual. É dessa maneira que vai se sentir relevante na vida? Qual é o seu sonho? Como dar o próximo passo? Eu proponho que seja rompendo o automatismo, sendo um inconformado, acelerando seu crescimento, não tendo rota linear igual a de todo mundo, gerando novas oportunidades, tornando-se protagonista da sua história. Como fazer isso? Eu lhe mostro a seguir.

1

O SUCESSO NÃO É O QUE IMAGINÁVAMOS

Como tantos outros profissionais, você entrou no mercado, batalhou, aprendeu com seus erros e acertos, já avançou algumas casas e quer ir além. Deseja alcançar tudo que imaginou para sua vida ou, pelo menos, aproximar-se ao máximo disso, mas chegou naquele ponto em que se sente numa encruzilhada.

Dois ou mais caminhos se apresentam, e decidir é extremamente doloroso, pois significa que, em algum momento, você terá de abrir mão de conquistas importantes. O que fazer? Continuar seguindo a vida conforme o que lhe oferecem ou se refazer, se diferenciar, se reinventar e gerar suas próprias oportunidades?

Basta que estejamos vivos e trabalhando duro para que esse tipo de dilema se apresente à nossa frente – e acontece mais de uma vez! Não foi diferente comigo e não será com você. O que fazer quando percebemos que trilhar uma carreira de sucesso não inclui seguir uma rota linear? Quando notamos que SUCESSO não se resume a ficar milionário, ser conhecido por muita gente e nunca errar?

Se você vem correndo atrás de vitórias sem nunca ter feito essas reflexões, chegou a hora de parar para pensar. Sucesso é uma palavra que mexe muito com a gente. Quando você o tem, na vida profissional e pessoal, é um passo para estar feliz, mas é preciso derrubar alguns mitos.

Precisa existir uma meta maior

Na hora de decidir por um caminho, infelizmente as pessoas se atêm muito à evolução salarial como principal (às vezes, única) medida de sucesso. É verdade que precisamos nos preocupar com o lado financeiro para dormirmos mais tranquilos, até porque o nosso país não dá a possibilidade de pensarmos de outra maneira. Ganhar bastante dinheiro é ótimo e importante, claro. Apenas alerto que esse recurso deve ser um meio para algo, não a finalidade máxima. Deve ser um meio não apenas para pagar moradia, estudo e confortos, mas para alcançar metas maiores, aquelas que irão fazê-lo verdadeiramente feliz. Sendo feliz, você será um profissional melhor e, com isso, outros ganhos naturalmente virão, incluindo o financeiro.

O dinheiro passa a ser consequência quando fazemos o que amamos, e isso se comprova na minha vida e na de muita gente. Sei que parece difícil acreditar, eu mesmo demorei um pouco para reconhecer, mas meta de vida não se resume a buscar recompensa material. Muitas pessoas ficam tão obcecadas para conseguir ganho financeiro, que se cegam para todo o resto.

Quando você esquece que sua meta de vida é ser feliz, colocando outro objetivo para nortear suas atitudes (por exemplo, atingir o topo com o cargo *x*) vai faltar uma "perna". Ninguém consegue viver bem externamente se o seu interior também não estiver bem. Para ser bem-resolvido, você precisa buscar ser feliz.

Para se sentir feliz consigo e com o que faz, é preciso definir quais passos são necessários para alcançar a meta. Ao definir: "Para eu ser feliz, a estratégia é realmente ter um cargo maior, porque com esse cargo eu conseguirei *x*, então vou buscar isso", você estabelece um caminho, mas o problema é focar apenas no *status* do cargo e se esquecer por que esse objetivo trará a sua felicidade. Sem um porquê autêntico, esse caminhar está fadado a levá-lo para a infelicidade, pois, com o tempo, a vida profissional pode caminhar bem, enquanto a pessoal é esquecida, posta de lado. A felicidade deve abranger tudo em sua vida, por isso, é importante ter esse equilíbrio muito bem estabelecido.

Lembre-se: as suas estratégias para ser feliz podem englobar atingir o cargo *x* com o salário *y*, trabalhar na empresa que tanto admira ou criar a sua, obter determinado patrimônio ou *status*, oferecer segurança para sua família. O objetivo final é que deve ser maior, pois é em cima dele que você construirá todas as bases.

Não existe equilíbrio quando sua vida pessoal está desmoronando e somente a profissional fica de pé. Todos nós já vimos muitos exemplos de personalidades ricas, famosas, que não conseguiram ter uma relação positiva com seus filhos, que acabaram perdendo a cabeça (e o patrimônio junto), que entraram em depressão profunda e que até tiraram a própria vida. Para quem vê de fora, parece que está tudo bem, mas a verdade é que viver assim é solitário.

Jim Carrey, por exemplo, estava no auge profissional quando, por causa de uma grande dor pessoal, acabou se isolando e caindo numa profunda depressão. Depois de anos sentindo-se sufocado pela doença, Carrey se reconectou com a arte, a expressão e o autoconhecimento para entender que, como ele mesmo disse, "Quando a chuva vem, ela cai, mas não permanece. A chuva não fica tempo suficiente para me sufocar e afogar"[1].

Fazer sucesso nas redes, alcançar o primeiro milhão, aparecer na grande mídia... nada disso significa que você não vai mais brigar, sofrer desilusões ou que estará a salvo de uma série de outras dificuldades que a vida diária nos impõe. O que muda, na busca pela felicidade, é a sua maneira de encarar tudo isso.

Quando eu deixei o cargo de presidente numa grande empresa, o meio corporativo foi surpreendido. Não faltaram especulações a respeito dessa decisão, o que me fez questionar o modelo de sucesso que domina a mentalidade das pessoas.

Quem tem sucesso *de verdade*?

Depois de abrir mão de um salário respeitável e de um cargo de poder, eu me deparei com essa pergunta provocativa. Para os que acreditam que quem tem sucesso é apenas aquele que está em evidência nas mídias e ganhando "rios" de dinheiro, a minha história vem para quebrar um pouco esse paradigma.

Antes de entrar em detalhes, lhe convido a um exercício simples: pense em vários nomes do meio artístico, político, empresarial e se pergunte quem tem sucesso *mesmo*. Fausto Silva, por exemplo, se encaixa, para muitos, com unanimidade nesse quesito. Apresenta um dos programas de maior longevidade da Rede Globo e da tevê brasileira, com audiência inquestionável.

E a Xuxa? Tem quem considere que a apresentadora, em atividade há três décadas, não é mais sucesso. Por quê? Só porque ela deu um passo atrás e mudou para a segunda emissora do país?

1. Entrevista de Jim Carrey ao portal britânico *I News*. Disponível em: <https://inews.co.uk/culture/jim-carrey-andy-and-jim-netflix>. Acesso em: 08 ago. 2018.

Entretanto, quantos gostariam de estar onde ela está hoje, recebendo o que ela recebe?

Às vezes, quando alguém dá um passo diferente do previsível, saindo do caminho comum, outras pessoas estranham, prejulgam que foi para pior, sem nem saber as bases negociadas nessa mudança e quanto o outro está ganhando em resultados e felicidade. Há outras apresentadoras famosas que estão sem programa nas telinhas, em nenhuma emissora. O que você considera melhor?

Também existem casos em que a pessoa deixa de ser exemplo de sucesso para sempre, de forma irreversível. Isso acontece quando suas ações colocam em julgamento o seu caráter. A população não perdoa, por exemplo, quando um artista pratica violência física ou assédio, um político é flagrado com malas de dinheiro não declarado, um empresário vende produtos prejudiciais à saúde dos consumidores, um atleta se envolve com drogas ou quando um alto executivo distribui propinas a políticos e juízes. Ao buscar ser feliz com sucesso, é preciso respeitar um aspecto importantíssimo: a sua identidade, o seu caráter. Se houver alguma dúvida em relação a isso, acabou. Você pode ter todo o dinheiro do mundo, a ideia do milhão, mas nunca mais será respeitado e admirado.

Além disso, vale lembrar que sucesso não é quantificável. Você pode ser reconhecido na sua região, na sua empresa, pelas pessoas que conhecem seus feitos e querem ser como você... Tudo isso importa para que você se sinta feliz e desafiado a ir além, sem ficar restrito a uma rota linear, como a maioria.

Quando entramos em crise

Talvez você esteja correndo atrás do seu SUCESSO, mas ainda não tenha parado para pensar no real significado que essa palavra tem no seu íntimo. No começo da carreira, imaginou que estaria feliz e atingiria seus maiores louros quando acumulasse bastante dinheiro e se tornasse alguém muito conhecido na sua área, até que, num determinado momento, quando deveria estar superfocado nos passos que faltam para atingir esses objetivos, você se dá conta de que:

- Não está satisfeito;
- Não está sendo você mesmo;
- Não vê a projeção que gostaria de viver no aqui e agora;
- Não está fazendo a diferença na vida dos outros.

Quando essas quatro afirmações aparecem em sua vida, você entra em crise consigo e com o caminho profissional que escolheu. Tentar ignorar o que está sentindo de verdade torna tudo mais difícil. Chega uma hora em que a realidade lhe obriga a encarar que você já não está com a mesma energia, nem alcança os resultados almejados, e que tem uma série de deficiências a corrigir.

Aí é como se caísse sobre a sua cabeça um caminhão de verdades. Sua insatisfação dentro da empresa chega ao máximo, e sua inconformidade afeta suas relações sociais, filhos e cônjuge. Normalmente, bate a tentação de escapulir, de querer resolver as coisas do jeito mais fácil: mudando de emprego. Na verdade, isso pode ser um tiro no pé.

Ao tentar resolver o problema mudando de empresa, você acaba por carregar essa bagagem de insatisfação particular para lá – na maioria das vezes, quem deve mudar é você, não o ambiente ao redor. É necessário refazer suas atitudes, postura, mentalidade, meta de vida. Ao fazer essa lição de casa, talvez descubra que é possível crescer na mesma empresa em que está.

Ao final de minhas palestras, muitos me confessam que querem mudar a rota, mas não sabem qual o momento correto de fazer isso. Emendam com frases do tipo "Meu chefe não me dá valor". Nessas ocasiões, eu provoco uma reflexão:

— Se você mudar de emprego, me desculpe dizer, vai acontecer o mesmo problema. Que tal fazer algum movimento diferente para entender *como* seu líder passaria a lhe dar valor?

Como na música dos Beatles: "É fácil viver com os olhos fechados, entendendo errado tudo o que você vê..." [Living is easy with eyes closed/ misunderstanding all you see, da canção: *Strawberry fields forever*]. Realmente é preocupante que ainda hoje as pessoas se acomodem na desculpa de que não crescem por pura injustiça. É o que eu chamo de síndrome da não evolução – quem desenvolve esse mal vai se diminuindo cada vez mais.

Muito melhor é fazer a si, de tempos em tempos, as quatro perguntas a seguir. Já adianto que, se sua resposta for "não" para todas elas, meu amigo, você acaba de reconhecer que tem um problema a resolver.

1. Eu sou feliz?
2. Sou eu mesmo e dou tudo que sou capaz de oferecer?
3. Enxergo uma chance de melhorar a rota atual?
4. Estou fazendo a diferença na vida dos outros?

Quando as respostas são não, não, não e não

Quando chegamos ao ponto em que não dá mais para continuar, pois a situação atual está bem distante da que imaginávamos, é o momento de fazer essas quatro perguntas. Todo mundo quer saber qual é a hora de se reinventar, e eu vou dizer: quando suas respostas forem "não".

Nós precisamos sempre questionar esses quatro pontos para não entrarmos no automatismo de insistir naquilo que não está trazendo felicidade. Pode até trazer estabilidade e poder, mas, sinceramente, isso resolve tudo? Você tem estômago e sangue frio para suportar trabalhar desmotivado, até seu corpo ficar doente, seus relacionamentos acabarem e seus sonhos morrerem?

Automatismo também é continuar a fazer o que os outros já fazem, reproduzindo a mesmice. Você concorda que já tem gente demais tentando vender como novidade aquilo que o mercado já absorveu? Parafraseando Einstein, é insanidade querer resultados novos tendo as mesmas atitudes.

Para abrir os olhos, esses questionamentos são sempre bem-vindos, tanto na vida profissional como na pessoal. Podemos fazer uma comparação com o casamento, por exemplo: separar é fácil, automático e pode ser o caminho mais curto para acabar com a infelicidade. Entretanto, será que sentar para conversar, descobrir o caminho que o outro deseja seguir, entender quais as mudanças e concessões importantes para cada lado, não faria com que esse amor perdurasse? Deixando claro que, quando existem situações mais graves como infidelidade e perda da confiança, talvez continuar seja muito, muito difícil.

Voltando à esfera profissional, se as suas respostas para essas quatro perguntas forem negativas, como é que vai lidar? Vai largar tudo ou tentar se refazer? Como e onde? Qual é a decisão que você precisa tomar?

Seria muito mais fácil se houvesse um modelo claro, único e certeiro, mas não há. É necessário um modelo especial para cada um, que ainda pode variar conforme seu momento de carreira e as circunstâncias ao redor.

Mesmo tendo respondido "não" quatro vezes, você pode superar tudo e refazer-se para crescer na mesma empresa, área ou negócio. Por exemplo: por eu ser um inconformado de carteirinha, quando trabalhava na Pillsbury (hoje, General Mills), consegui me destacar e ser promovido de analista a gerente, ficando dez anos lá. Posso garantir que minhas atitudes foram meus diferenciais. Eu não era o dono da empresa, mas agia como se fosse, tinha senso de urgência e estava sempre orientado para resultados. Trabalhava em marketing, mas me considerava da área comercial, ou seja, atuava sempre muito próximo da equipe de vendas e era relevante para ela. Já quando era diretor de marketing e P&D (planejamento e desenvolvimento) na nacional Bertin, e essa empresa foi comprada pela JBS, meu modelo de renovação foi outro. Aceitei ir para a Bombril, com o mesmo cargo, a convite do principal acionista, por enxergar um horizonte mais promissor. Qual marqueteiro não teria o sonho de trabalhar com uma das marcas mais amadas do Brasil?

O que aconteceu depois? Em quatro anos, assumi a presidência. Verdade que, quanto mais alto você chega, mais sozinho está. A solidão aumenta de acordo com o peso do cargo. A pressão é gigantesca, mas, ao mesmo tempo, sua realização também, pois tudo o que faz tem forte impacto no mercado, nos colaboradores e consumidores. Você aparece, é visto, tem destaque. Foi ótimo enquanto eu estive feliz ali. Ao me fazer novamente as quatro perguntas, e respondi "não" quando antes respondia "sim", constatei que precisava mudar. Por mais difícil que fosse concretizar a minha saída, eu precisava sair daquela rota. Existiria uma continuidade dentro do mundo corporativo? Sim.

Fundos de investimento privado me acenaram com a oportunidade de presidir alguma de suas empresas, e eu bem poderia levar minha experiência para um negócio diferente daquele em que atuava, por exemplo, migrando do setor de limpeza para o de alimentação. Entretanto, agradeci e decidi adotar um modelo diferente dos anteriores.

Graças aos resultados e à credibilidade que alcancei com meu nome, disse a mim mesmo: meu próximo passo é montar a minha empresa. Eu enxergava essa capacidade em mim, achava que tinha condições de seguir trilhando o meu sucesso, agora de forma mais dinâmica, comunicativa e menos solitária. Analisando tudo o que eu havia feito nos últimos vinte anos, vislumbrei ser o momento de construir algo focado em fortalecer ainda mais meu nome, minha carreira, dessa vez empreendendo.

Tracei objetivos que combinavam com essa decisão. Toda pessoa precisa descobrir quais são os seus.

Não desejo induzir ninguém a empreender num negócio próprio, esse é apenas meu exemplo pessoal. Ele pode ser um modelo para você ou não, quando você definir o caminho que deseja seguir. Ouço pessoas que não têm essa vontade, esse perfil, e é ótimo que saibam o que *não* querem. Agora, seja em voo solo, seja mantendo-se em cargo executivo, é extremamente útil que se desenvolva atitudes empreendedoras, para ser protagonista de sua trajetória e buscar o impossível constantemente.

Depois de ter contribuído para o crescimento de várias marcas e empresas, por que não desenhar um futuro que me trouxesse estabilidade com maior liberdade de ação? Por que não transferir tudo isso para o meu próprio desenvolvimento e longevidade?

Tracei objetivos que combinavam com essa decisão. Toda pessoa precisa descobrir quais são os seus. O principal era: eu queria ser dono da minha agenda. Então, abracei um caminho novo, mais arriscado, e fui em frente. Não olhei mais para trás. Mesmo sabendo que passaria por julgamentos, eu queria caminhar dessa forma.

Tenho plena consciência de que deixei o cargo que muitos profissionais do mundo executivo ambicionam, o ápice da hierarquia corporativa. Precisei ter força e coragem para mudar minha rota de uma forma que atendesse a vários aspectos e valores importantes para mim. Tudo para voltar a me sentir feliz e também para poder continuar dando certo.

Falta assumir que quer mudar

Às vezes, o profissional não está tão bem e o negócio dele, idem. Esse é o caso de muitas empresas, especialmente as familiares, devido aos efeitos da crise política e econômica brasileira. Tenho experiência para dizer isso, pois nasci no interior de São Paulo, onde este perfil de empresa e de profissional é predominante, e hoje vivo boa parte do meu tempo lá, desde que passei a comandar o Lide Rio Preto, que atua em todo o Noroeste Paulista.

Quando o período está difícil, o dono se vê muito sozinho. O primeiro problema para ele é sua sucessão; o segundo é que ele não quer mostrar ao mercado que tem de fazer uma reestruturação para voltar a crescer, pois isso significa admitir que algo está errado. Às vezes, ele tira recurso do bolso para compensar o insucesso temporário. Sabe que precisa demitir gente, desligar máquinas, mas titubeia, talvez por vergonha. Não há outra saída, tanto para pessoa física como para jurídica. Em um momento de crise, é preciso tomar a decisão de se organizar, se refazer. É bonito contar ao mercado que "Estamos nos reorganizando, sim", mesmo tendo que diminuir o tamanho do negócio. Faz parte de uma boa gestão.

Todos sofrem quando o líder não toma uma atitude para resolver a situação. Quando voltar a crescer, será possível contratar novamente, produzir em condições mais favoráveis. É inadmissível fingir que está tudo bem, deixar o problema virar uma bola de neve, ou iludir-se, achando que as coisas vão se resolver sozinhas.

Isso vale tanto para o funcionário como para o dono de empresa. Está sofrendo? Tem que se reestruturar. O país está pedindo isso. A sua vida está pedindo isso. Talvez a sua decisão desagrade algum grupo, mas lembre-se de que cada um constrói a sua história, a sua forma de conduzir a carreira ou o negócio. Se você ficar pensando em todo mundo, nunca sairá do lugar.

Aliás, você deveria pensar nos passos que dará nos próximos cinco anos, senão estará morto. Quantas empresas familiares deixam de montar um plano de longo alcance? Depois perdem para as multinacionais por agirem pensando apenas no agora, apagando incêndios. Elas podem ganhar hoje, quando aumentam sua participação, ficam felizes da vida, como se fossem Davi derrotando Golias. O mesmo vale para quando, ao olhar para si mesmo, você percebe que não tem um plano para além do presente.

Quando chega uma crise, o que acontece? Quem não tem planejamento é o primeiro a sofrer. E planejar é o quê? Decidir qual será a sua meta maior e que mudanças de rota precisará fazer para alcançá-la.

O problema é seu, de mais ninguém

Essa é uma tecla na qual bato muito: o problema é seu, de mais ninguém. Quem tem que resolver tomar a atitude inicial é você.

Muitos me chamam de lado nos eventos em que palestro dizendo:

— Marcos, quero muito conversar com você. Tem um tempinho? Não estou feliz e preciso entender qual caminho devo tomar. Não sei por onde começar.

— Você já fez um desenho do que almeja para ter um ano perfeito? — pergunto. — Não falo somente do aspecto financeiro, mas da sua vida, daquilo pelo que sente paixão e que o motiva a querer acordar todos os dias.

— Não.

— Então, faça. Vai ajudá-lo a enxergar o tamanho dos riscos que você precisará correr.

Um *coach* poderá ajudar a fazer esse desenho no qual você colocará seus desejos profundos. No entanto, o primeiro passo é seu. A rota é sua, a vida é sua, as decisões são suas. Jamais delegue a outra pessoa a resposta para sua grande dúvida sobre o que quer fazer.

O futebol é um bom exemplo para o que estou lhe dizendo: o *coach* ou outro profissional de apoio seria o técnico e você, o atacante em campo. Ele não pode entrar e fazer o gol para lhe dar a vitória.

Estamos falando de autorresponsabilização, de autoconhecimento e de uma decisão forte de acelerar o próprio crescimento. Somente você é capaz de responder às quatro perguntas que apresentei neste capítulo e comprometer-se a fazer mudanças em sua rota para, enfim, virar o jogo.

2

OS TRÊS VILÕES DO SEU CRESCIMENTO

Para se construir uma carreira, não é necessário percorrer um caminho predeterminado; ele é apenas uma opção mais confortável, dentro dos padrões que normalmente enxergamos. Quem decide se refazer no mesmo cargo e empresa, caminhando por uma rota diferente, é capaz de gerar mais oportunidades de crescimento e diferenciar-se em comparação a quem segue um trilho mais convencional e rígido. Entretanto, o crescimento só é possível quando evitamos entrar na zona de conforto, que é o próprio sentido do automatismo.

É preciso tomar muito cuidado com esse que considero o primeiro dos três grandes vilões do crescimento. Os outros dois são: a falta de clareza sobre o que você está buscando e o medo de assumir o protagonismo da própria vida.

Ao longo deste capítulo, vou levantar vários pontos com os quais você poderá se identificar. Será importante ver como os três vilões agem sinergicamente para travar seu crescimento, em vez de acelerá-lo. Se fosse um desenho, seria assim:

Se alguém permanece na zona de conforto, não consegue enxergar mudanças necessárias em si mesmo e na empresa. Essa falta de clareza não apenas confunde como desencoraja a protagonizar uma jornada de mais sucesso e felicidade. Portanto, um vilão retroalimenta o outro, dificultando que a pessoa saia desse ciclo vicioso. Esta é a grande explicação de tantas pessoas infelizes em seus trabalhos.

Quando se trabalha numa pequena ou média empresa, você aprende muito. Especialmente porque vira um "faz tudo" e precisa se reinventar com frequência para criar rotas alternativas aos problemas que surgem e que muitas vezes não fazem parte da sua função. Enquanto estiver feliz assim, vá crescendo junto ao negócio. Já numa grande empresa, especialmente se for multinacional, você também aprende muito. Ao mesmo tempo, tem à sua frente uma escadinha mais linear, que lhe automatiza sem você perceber. Minha experiência com essa escadinha é vasta, assim como o meu conflito com ela. Já quebrei vários paradigmas nas multinacionais pelas quais passei, pois eu não deixava o negócio ficar linear. Dava sempre um jeito de elevar os resultados, o meu nome e a minha motivação para ir além.

Foi o que aconteceu quando eu trabalhava com a marca mais famosa de sorvetes *premium*, Häagen-Dazs, na empresa General Mills, a quinta maior empresa de alimentos do mundo. A marca era considerada um diamante na empresa, e as regras por trás dela eram enormes. Se eu fosse seguir a estratégia mundial com todas as diretrizes impostas, o desânimo iria me pegar. Como acelerar o crescimento de um sorvete *premium* num país em que a classe A é pequena, o consumo *per capita* de sorvete é baixo e o foco de vendas dos concorrentes nesta categoria era no verão e com produtos à base de frutas?

Se eu ficasse somente a mercê do que a classe A compraria, nunca justificaríamos uma fábrica de Häagen-Dazs no Brasil, então, montei uma estratégia para "popularizar a marca", indo em busca da classe C emergente que queria comprar o que estava em uma rotina da classe AB. Era o desejo de pertencer não pertencendo. Além de fazermos um arrastão com degustação de produtos nos principais camarotes *tops* das festas populares (como Carnaval, São João etc.), nos quais as pessoas apareciam tomando no "copinho da marca", lançamos uma festa que parava São Paulo e unia DJs internacionais com bebidas misturadas com sorvete: *Häagen-Dazs Mix Music*. Nem preciso dizer que as pessoas faziam de tudo para entrar nessa festa.

Outra sacada: começamos a vender Häagen-Dazs para festas de casamentos, ou seja, durante a comemoração entrava um carrinho chique distribuindo sorvetes, e então todos saíam dizendo: "A festa foi tão boa que teve até Häagen-Dazs!". Resumindo: lapidei o diamante com ferramentas bem brasileiras. Sabe quando eu entendi que tinha acertado? Quando famosos bem populares para a classe C me ligavam pedindo para ter Häagen-Dazs em suas festas particulares.

Muitos têm dificuldade de manter sucesso constante na carreira, porque se instalam na zona de conforto e ficam estagnados. Enquanto isso, outros conseguem fazer com que a vida profissional se desenvolva em movimentos diferenciados que depois podem até se encontrar com uma reta, num ponto mais avançado. É aqui que mora uma atitude-chave que destaca aqueles que não se deixam prender pelas caixinhas que o mercado e as situações de conveniência impõem.

Desperdiçou tempo? Não há perdão

Temos de olhar para frente e acreditar que mudanças só nos fortalecem. Possuímos grande capacidade de nos refazer, então, vamos dar o nosso melhor, sim, mas conhecendo muito bem nossos limites para tomar as melhores decisões.

Encontramos esses limites quando refletimos se estamos na direção de uma meta maior, que é ser feliz. Não tenha receio de se questionar: "Continuo 'fazendo acontecer' aqui ou vou dar um salto para aquilo que vislumbro lá?".

Quando a pessoa sente sua cabeça bater no teto das promoções e nota que precisa fazer algo para sair da zona de conforto, corre o risco de cometer um equívoco muito comum: achar que precisa recomeçar do zero. Isso é um erro! Temos pouco tempo, e arriscar dessa maneira não tem perdão. Tempo é crucial.

Não é preciso sair do mercado de trabalho e voltar para o ponto inicial, como se tivesse 18 anos. Aqueles que souberem unir diferentes áreas do conhecimento para gerar novos produtos e serviços passam a valer ouro nesses tempos em que as transformações tecnológicas mudam drasticamente nossa forma de viver, consumir e trabalhar. Salvo exceções, tudo o que você aprendeu não precisa ser desperdiçado, e sim transformado. Sem reciclar constantemente seu conhecimento com novos aprendizados acadêmicos e práticos, você estará despreparado para responder às demandas que surgem. Atualizar-se é essencial.

Não critico, mas também não defendo a ideia de tirar um ano sabático. Se a pessoa cogita essa alternativa é porque talvez esteja numa situação-limite em sua carreira, não suporta mais o que está fazendo, não consegue nem pensar no que deseja daqui para frente. O problema é que, muitas vezes, ao decidir voltar ao mercado, o sujeito não terá força para prosseguir na rota que estava traçando, pois terá se desconectado 100%. A cabeça não estará mais ali, pois foi para outro lugar, tirou férias. Portanto, é preciso tomar cuidado para que esse ano sabático não seja uma fuga: de pensar, de decidir, de ter de agir... Fugir da linha que você construiu pode ser um erro. Muito mais seguro é ficar e mudá-la.

Na minha visão, um período sabático pode ser válido para fortalecer alguma estratégia de crescimento. Por exemplo: a pessoa vai promover na empresa uma aproximação com *startups* ligadas ao seu tipo de negócio. Para tal, quer fazer uma imersão no Vale do Silício, nos Estados Unidos, para absorver tudo que puder desse ambiente eleito como motor tecnológico mundial. Outro caso: uma pessoa pretende exportar determinado produto para um país da Ásia e resolve viajar para observar a cultura na hora de fazer negócios e para aprender como falar o básico na língua local. Nessas duas situações, um período sabático faz bastante sentido. É uma mudança de rota para avançar ainda mais depois.

Se não se desafia, cria raiz

Para o ser humano, e isso eu garanto, o tamanho da felicidade está ligado ao tamanho dos desafios que ele abraça. Em outras palavras, se você não se desafia, também não tem propósito.

Assim, sem qualquer desafio, a pessoa não encontra uma maneira de sair da reta. Enxerga a carreira como meio apenas para ganhar um salário e, por isso, entrega exatamente o que a empresa pede – nem a mais nem a menos –, em vez de aflorar desafios que a levem a agir de forma diferenciada e a ganhar destaque.

Pessoas assim não se arriscam, não assumem nenhuma situação ou meta difícil que as façam se mover. É mais confortável ficar na linha reta, na linha tênue do "não crio problema, mas também não soluciono", seguindo gradativamente o que a empresa espera para o próximo cargo.

Aguardar que seu chefe lhe dê algum desafio é uma cilada, pois pode ser que que ele não esteja alinhado aos seus verdadeiros projetos. Você sabe que está na zona de conforto quando começa a se olhar no espelho e pensa em voz alta: "Posso ser muito mais do que sou". Sem essa percepção, você cria raiz – e, pior, acaba se iludindo com a promessa de estabilidade.

Imagine, por exemplo, um gerente. Ele só pensa em se tornar diretor *daquela* área. Não tenta sair do lugar, não expande seus horizontes, não olha para o lado. Com o tempo, ele limita seu conhecimento àquele universo até que, sem esperar, é demitido com o argumento de reestruturação da área, necessidade de "oxigênio".

Já trabalhei com muitas pessoas que passaram por situações parecidas. Sofrendo por ter suas raízes arrancadas, esses profissionais me procuram sempre com histórias muito semelhantes à de tantos outros:

— Mais de vinte anos de dedicação... Que sacanagem! Eu fiz tudo por essa empresa. Não consigo entender qual foi o problema.

— Sabe por que você não consegue entender qual foi o problema? — pergunto. — Porque infelizmente você usa o espelho da sua casa só para se vestir. No dia em que focar em seus olhos refletidos e reconhecer que *você* é o problema, vai começar a entender.

Muitos acreditam que os olhos são o reflexo da alma, mas a grande maioria tem medo de enfrentar o que encontrará ali. É mais fácil criticar a empresa, a situação do mercado, o seu parceiro ou sócio do que entender que o problema está no que você fez (ou deixou de fazer). Entretanto, ter essa clareza fará sua carreira, e toda a sua vida, avançar.

Mesmo em momentos de crise, como a situação que nós brasileiros – e muitas pessoas de outros países – vivemos nos últimos anos, você não deve parar seu desenvolvimento. Não use a situação do país como justificativa para travar seu crescimento e os resultados da empresa, pois, do contrário, está se sacrificando junto.

Sempre existirão crises econômicas, isso é um fenômeno global e cíclico. Sabemos disso e temos de estar preparados. Agora entenda: se você é um bom profissional, mesmo em momentos difíceis, será mantido para reerguer a empresa, e não virará carta fora do baralho. Pode, por exemplo, sair de uma área, porque decidiram fechá-la, e ser ainda mais relevante na outra para a qual foi remanejado.

Estacionou sem notar

Ao criar raízes num mesmo lugar – que pode ser uma atividade, área, negócio, empresa – acreditando que só sabe fazer aquilo, ali, com aquelas pessoas ou condições, você dá o primeiro passo para estacionar. Nem sempre é um processo consciente. Às vezes, você simplesmente começa a fechar as portas para oportunidades que existem ou que podem existir ao seu redor.

O segundo passo é acreditar que não tem algo a melhorar. Achar que já está fazendo o máximo, que tem características e atitudes superiores. O profissional que já se considera excelente não consegue enxergar horizonte em seu desenvolvimento e naquilo que está fazendo.

Outra postura que faz uma pessoa estacionar na carreira é explorar todo tipo de críticas ao mercado ou às ineficiências dos outros para justificar seus fracassos. Ao agir assim, deixa de enxergar a falta de desafios em sua vida. Sem eles, perde-se todo o estímulo para se superar nas horas difíceis e também para encontrar saídas para a empresa em que trabalha.

Esse é o perfil da pessoa que desperdiça grande energia queixando-se de que "assim não dá para trabalhar", que não poupa nada nem ninguém de seus ataques – além dele mesmo. Ao agir assim, ela gera uma série de desculpas que criam barreiras, impedindo uma virada de jogo por não enxergar oportunidades na crise.

Uma atitude bastante comum e que também freia o sucesso é acreditar que seu empregador tem que fazer tudo por você. Por exemplo: uma pessoa trabalha em uma multinacional que exigirá, num futuro próximo, que seu inglês (ou outra língua) esteja fluente. Em vez de procurar aprender, o sujeito resmunga que a empresa não ajuda, não paga pelo menos a metade do curso, não "investe em seus talentos". É muito mais fácil criticar o ambiente externo do que ser o protagonista do seu sucesso. Assim, qualquer pessoa se acomoda. Quem lhe ensinou que a empresa tem que fazer *tudo* por você? Essa é uma visão paternalista, que não cabe nos dias de hoje.

É você que precisa correr atrás, para oferecer o máximo a si mesmo e à empresa. Isso significa, por exemplo, não esperar até que ela invista em alguma tecnologia para que consiga trabalhar melhor. Dê o máximo de si sempre. Isso fará com que todos ao seu redor reconheçam sua garra e deixem os campos abertos para você percorrer e crescer.

Outro perfil de profissional que também estacionou é aquele vendedor que só se relaciona com o cliente por trás do computador ou ao celular, ou que espera o cliente ir atrás dele. Também é comum que ofereça aquilo que já tem na mão (seja um produto, um orçamento), em vez de buscar entender a real necessidade do consumidor.

Não espere que reconheçam seu valor

Quando você opta por uma carreira corporativa, independentemente da empresa em que estiver, precisa observar até onde quer chegar e deixar isso muito claro aos seus gestores, ao departamento de recursos humanos, a si mesmo e à sua família.

Do contrário, se não definir bem o que deseja, num futuro próximo poderá se transformar em mais um a reclamar de que está numa rota linear, "quase parando", por fazer a mesma coisa por anos, sem promoções de cargo, novos projetos, visibilidade, felicidade... Nas corporações que prezam pela gestão de seus talentos existem planos de carreira, mas é tarefa sua e mérito seu galgar os degraus necessários para chegar ao posto que deseja.

Para não cair na zona de conforto, é preciso querer sempre fazer a diferença. Entretanto, não permita que seu processo de crescimento acabe se alongando. Saiba que, de maneira geral, quanto mais o empregador conseguir segurar em seus quadros profissionais de alta *performance*, mais irá fazê-lo. Ouço bastante, principalmente de quem está em cargo alto, a reclamação de que não há para onde crescer.

Imagine a seguinte situação: você se destaca como gerente na unidade brasileira de uma multinacional, mas não há possibilidade a curto prazo de ser alçado a diretor. O que acontece? Como a companhia o treinou intensamente, não abrirá mão de você para que cresça fora dali. Assim, oferecem a oportunidade de transferi-lo para o México, Porto Rico ou outra unidade menor que a do nosso país continental. Se o seu desejo for lapidar o espanhol, viver uma experiência internacional junto a sua família, poderá ver vantagens. Se não, precisa expor os seus desejos, falar:

— Agradeço a oportunidade, mas eu quero crescer no Brasil, me tornar diretor e, depois, presidente. Sei que me falta a habilidade *x*, então, gostaria de ser transferido para a área em que aprenderei mais.

Esta é uma das várias formas de galgar degraus no seu plano de carreira: posicionar-se, de uma maneira muito clara e assertiva, para que essa rota não fique linear e não o coloque numa zona de conforto. Se você se desafia o tempo todo, se mostra interesse e foca em crescer junto à empresa, acaba automaticamente não se permitindo estacionar.

É impossível a empresa não ouvir o profissional que bate metas e as supera. Quando o funcionário se desafia, a empresa, em vez de colocá-lo na na zona de conforto, lhe oferece cada vez mais desafios.

> O seu sonho pertence a você, mas convém se lembrar de que, para ele se tornar real, será necessário ter muita gente ao seu lado.

Você não vai longe sozinho

Muitas vezes, nos acostumamos tanto com determinados planos (feitos por nós ou pela empresa) que, quando eles falham, ficamos perdidos, sem clareza sobre o que verdadeiramente queremos e até mesmo sobre quem somos. Isso ocorre porque não estamos preparados para responder rapidamente diante das mudanças de cenário.

A grande questão é que cada empresa tem a sua cultura. Felizmente, conheço várias nacionais e multinacionais com perfil de "abraçar" os bons funcionários de maneira diferente, fazendo-os viver um processo de plano de carreira com muitos desafios, mas nem todas trabalham assim. É com essas que você precisa ficar alerta. O que se pode fazer se a cultura do local em que você trabalha não for assim?

Nesse tipo de empresa, a falta de clareza se instala, e você pode acabar se acomodando com a falta de desafios. Se não estiver disposto a buscar crescimento junto aos seus chefes, pares e clientes, dificilmente terá uma carreira sustentável. Pelo contrário: uma miopia pode se instaurar e o impedirá de ver que não está evoluindo e que isso não é normal, tampouco desejável. Se, entretanto, apenas você enxerga em que aspectos a empresa pode melhorar e conseguir mais resultados, enquanto todos parecem míopes, alerta máximo! Há empresas em que a falta de clareza, infelizmente, é quase parte da cultura organizacional.

O seu sonho pertence a você, mas convém se lembrar de que, para ele se tornar real, será necessário ter muita gente ao seu lado. É claro que, em qualquer área da vida, você precisa ser o principal agente de melhorias, mas não ache que é o dono do mundo e que dará conta de tudo sozinho. É necessário montar um time, formado pelas pessoas certas, que lhe complementarão em todo o seu caminhar. Como disse John Lennon: "A dream you dream alone is only a dream. A dream you dream together is reality". Raul Seixas imortalizou essa frase na música *Prelúdio*: "Sonho que se sonha só é só um sonho que se sonha só, mas sonho que se sonha junto é realidade".

Acredite, é possível conseguir parceiros capazes e bem preparados, basta que você se instigue o tempo inteiro, pois fará com que eles se instiguem também. Enquanto isso, os que preferem a zona de conforto ficarão atrás. Dê a partida, você precisa se movimentar na direção dos seus sonhos. Em outras palavras, nunca espere que tudo esteja dentro de um escopo perfeito. Assim é a vida real.

Mesmo em uma empresa que lhe dá o cenário claro e indica até onde você precisa chegar, é preciso mostrar-se aberto a ouvir *feedbacks* positivos e negativos, tirar proveito disso para corrigir suas falhas, enxergar habilidades e competências a melhorar e fazer mudanças de rota que fortaleçam o seu desenvolvimento.

Se a empresa em que você trabalha não tem essa clareza, você precisará assumir o protagonismo de fazê-la enxergar as mudanças necessárias. Não apenas para guiar seu crescimento, como para alavancar o sucesso de todos os envolvidos.

Sugiro a seguinte reflexão: "Está claro que preciso crescer e me desenvolver. Sei quais são os meus pontos fracos, mas, se eu não souber aonde a empresa precisa chegar, estarei míope". Talvez os membros da diretoria ou os donos queiram mudar, mas não estejam enxergando o que precisam fazer para alcançar outro patamar ou até sobreviver às novas concorrentes. Isso acontece muitas vezes com empresas que já foram líderes de mercado. Aceitar que mudanças são necessárias é bastante difícil.

Apesar de difícil, este pode ser um excelente desafio para você: descobrir, estudando o cenário interno e externo, como tirar a empresa em que trabalha da rota linear e apresentar suas ideias aos seus superiores. Os profissionais, em geral, precisam identificar se têm falta de clareza em relação à carreira ou se essa falta de clareza é da empresa – ou mesmo de ambos. De fato, há quem prefira não enxergar as próprias limitações, pois isso implica em fazer algo a respeito, a buscar desafios, a pensar e construir estratégias para ir além.

Se o seu cenário profissional precisa de mudanças, não espere o momento perfeito. Todo dia é sempre ótimo para você se jogar de corpo e alma na construção da sua rota, eliminando as barreiras que o impedem de evoluir. Um bom início é estimular conversas sinceras de *feedback* com seus superiores e/ou colegas de trabalho em quem confia. Muitos não fazem isso por orgulho e receio de receber críticas. Preferem saber a verdade indiretamente ou se iludir, mas como se chega longe agindo feito avestruz, com a cabeça enfiada na terra?

Certa vez, um funcionário da Bombril pediu que fizéssemos uma análise de seu desempenho. Ele se autoanalisou, e eu o avaliei. Quando sentamos para ver em quais pontos concordamos e discordamos, encontramos diferenças gigantescas. A forma como ele se autoanalisou estava superestimada, pois ele tinha várias deficiências a sanar. Conversamos longamente e ficou evidente que ele concordava com tudo o que apresentei. Só não expôs os pontos em sua análise por medo de ser demitido.

Ledo engano acreditar que estaria se beneficiando, segurando o emprego, ao omitir a verdade! Em algum momento, aquelas questões apareceriam, provavelmente de maneira mais acentuada, já que não teriam sido expostas e, consequentemente, trabalhadas. A situação ficaria insustentável e seria fim de jogo para ele!

Outra situação: se você tem certeza de que não deve estar mais num determinado emprego ou projeto, melhor mudar imediatamente. Carregar problemas silenciosamente gera insegurança e frustração, penaliza seu desenvolvimento e ainda traz malefícios para a empresa em que você trabalha. Em suma: todos perdem.

Por medo, a decisão fica no colo

Assim como com meu ex-funcionário, o medo nos aprisiona na zona de conforto, lugar que, mesmo não sendo o ideal, nos traz uma falsa sensação de estabilidade. Repito, não é preciso sair do zero, e sim do "estacionamento".

A vida é muito curta para não sermos felizes, portanto, cuidado para não perder muito tempo na zona de conforto, porque, quando acordar, a oportunidade pode ter passado! De repente, você se verá ultrapassado, cansado, desanimado, sem conseguir se restabelecer da forma que o mercado e a sociedade necessitam.

Muitos não colocam em prática decisões que precisam tomar por medo de correr riscos. Ficam apenas suportando o peso interno dessas decisões. Todos conhecemos casos de executivos que são demitidos e montam um escritório de fachada, só para não admitir que estão sem espaço no mercado e precisam se refazer. Alguns escondem sua realidade até da família.

Se você desocupou aquela cadeira, entregou o crachá, deixou de ser fulano de tal da empresa tal, não perca tempo olhando sua vida pelo retrovisor. Protagonize a decisão de refazer-se. Não ache que, após ingressar em outra empresa, estará confortável, seguro, ou poderá entrar em uma zona de conforto novamente!

Quem tem medo de arriscar enxerga dificuldades e problemas, em vez de oportunidades e desafios. Muitas vezes, dizemos querer o caminho certo para nós, mas acabamos seguindo o dos outros em busca de segurança; no entanto, nesse padrão não há espaço para autenticidade.

> Muitos não colocam em prática decisões que precisam tomar por medo de correr riscos.

Você já deve ter ouvido a expressão: "Quem não é visto não é lembrado". Então, como será visto se nivela suas atitudes com as da maioria das pessoas? Toda vez que começa a se posicionar como líder de si mesmo, você vira o agente mais importante. O papel de protagonista é seu. Não admita ser coadjuvante.

O mercado pode até estar encolhendo por causa da crise brasileira, mas o protagonista deve pensar "Eu não faço parte disso" e acreditar que é capaz de vencer as adversidades e fazer com que as empresas entendam que pode ajudá-las a passar por este momento também. É nas horas difíceis que um profissional mostra quão emocionalmente forte e focado em ir além ele é. Nesses momentos, os grandes profissionais brilham! Tenha certeza de que as pessoas de sucesso são as que mais demonstram atitudes diferenciadas.

Para muitos, falta ainda entender que sucesso não cai do céu. É preciso correr atrás. Aquela história de dizer "Fulano nasceu com uma estrela" é conversa fiada. Sugiro procurar conhecer um pouquinho do "antes". Você entenderá tudo o que essa tal "pessoa de sorte" fez para chegar onde está.

Pegue a biografia de qualquer pessoa que atingiu sucesso sustentável e veja como ela usou seu protagonismo ao batalhar, insistir, tentar por um lado, depois por outro... Provavelmente optou por um caminho não linear, arriscou-se, trabalhou feito louca, se desafiou, se renovou!

Ser "boa gente" não basta

Aquele que diz que os baixos resultados são culpa do mercado ou de estratégias erradas da empresa geralmente fica incomodado quando vê alguém tendo sucesso, enquanto ele, não.

O mesmo ocorre quando alguém chega com um carrão, superfeliz por seu projeto de vida estar dando certo, e é criticado pelo outro que não tem nada de relevante para contar. Por que será que esse outro se incomoda? Porque a satisfação do outro o obriga a enxergar que ele está estacionado.

Seguindo esse modelo, outro sinal de que a pessoa está com medo de ser protagonista é não incomodar ninguém. Tudo está sempre bom, a pessoa não reclama de nada. O resultado dessa postura é que nunca vai acontecer nada, pois ela vai se tornando invisível dentro da organização. Há ainda aquela cilada de se sentir seguro no trabalho porque "Todo mundo gosta de mim, sou querido". Relacionar-se bem tem valor, mas apenas essa habilidade não basta para crescer nem fazer os negócios crescerem juntos.

É necessário se desenvolver o tempo inteiro, numa rota produtiva e promissora. Quando você escapa dos três vilões sobre os quais discorri neste capítulo, mais facilmente consegue se manter em destaque – e não apenas por ser "boa gente".

Quando você começar a agir de forma diferente e por isso colher resultados cada vez mais positivos, quem está ao seu redor perceberá. Ainda mais se você chegar ao trabalho todos os dias de manhã superfeliz, porque seu projeto de vida está dando (muito!) certo.

3

AUTENTICIDADE E RESULTADO: OS PILARES PARA PROFISSIONAIS

Neste capítulo, trabalharemos o próximo passo, que será dizer a si mesmo: "Ok, então eu decidi me posicionar num caminho diferente porque acredito no meu conhecimento, na minha força e na minha capacidade de me realizar como pessoa e profissional". A partir desse compromisso consigo, você iniciará o jogo dos desafios e das atitudes autênticas que trarão resultados diferenciados.

O significado desta nova postura é reinventar-se criando novos acessos, explorando seu melhor em todos os sentidos para trilhar um caminho alinhado aos seus planos e valores, além de abrir portas para ser reconhecido como uma pessoa realizadora. Muitos confundem essa reflexão com abandonar o que estão fazendo, mas reforço que é possível começar a fazer diferente onde se está. Se a posição em que está é a melhor opção para acelerar sua rota, mantenha-se nela.

Quando você se refaz, a sua visão amplia, como se pudesse ver a partir de um mirante. Você deixa de focar no micro para enxergar o horizonte, que se torna mais interessante, e permite que novos fatores influenciem positivamente o seu entorno.

É maravilhoso viver o momento de mudança – ainda mais por decisão própria!

Para decidir me desligar da presidência da Bombril, contei com quatro atitudes fundamentais que eu sabia ter: ser um inconformado, acreditar que conseguiria gerar as minhas próprias oportunidades, não temer o papel de protagonista e saber como me blindar dos julgamentos externos.

A partir deste capítulo, vamos aprofundar esses e outros comportamentos que levam a um equilíbrio bem-sucedido de forças internas que você tem e talvez não saiba – ou, então, que decidirá desenvolver desde já. Elas são essenciais a quem quer continuar em destaque, ser referência e, principalmente, colocar-se numa posição em que possa realizar o seu melhor.

Em qualquer área da vida, você não pode abrir mão de ser o principal agente de melhorias, tanto para si mesmo como para os ambientes pelos quais circula. É como a máxima popular "Quem não é visto não é lembrado". Se você de fato quer acelerar seu crescimento profissional, aí mesmo é que precisa tomar as rédeas e ter um protagonismo digno de um Oscar.

Brincadeiras à parte, quando decide repensar o caminho que veio trilhando e se preparar para novas e importantes mudanças, você precisa sair de casa para ser o primeiríssimo da fila. Vai assumir riscos (calculados, sempre), sem carregar arrependimentos pelo que deixou para trás. É fundamental se entregar ao jogo confiando em si mesmo e na sua dedicação.

No meu caso, por exemplo, quando propus ao principal executivo do Portal iG apresentar um programa sobre empreendedorismo, eu não tinha 100% de garantia de que daria certo – assumi riscos, me entreguei ao novo, confiei em mim e na minha dedicação – e o resultado foi melhor do que imaginei. A recepção do público me surpreendeu, e o que começou como um projeto tímido ganhou grande visibilidade e abriu novas portas para mim. Enxergar o horizonte e assumir uma postura assertiva quanto aos seus planos é importante para não deixar passar oportunidades como essa.

Comportamento autêntico

Você já parou para pensar qual é seu diferencial em relação a todos que poderiam ocupar sua posição? Acho que você concorda que, tecnicamente, todos podem estar no mesmo nível, já que o acesso ao conhecimento está cada vez mais fácil. É óbvio que o tempo de experiência também conta muito e, se esse é seu caso, você tem uma vantagem. No entanto, o tempo de carreira jamais será seu melhor e maior diferencial.

A técnica é importante, mas não é tudo na execução. A palavra falada é importante, mas não é tudo na comunicação. A postura corporal e, principalmente, o olhar transmitem autenticidade ao que você pronuncia, e este é um valor que deve acompanhá-lo em qualquer ambiente, situação, negociação e relacionamento.

É comum tentarmos agradar ao outro com simpatia, mas muito melhor é utilizar o olho no olho enquanto trocamos impressões e informações. Para crescer, você precisa estabelecer uma comunicação e uma interação baseadas na autenticidade – um dos pilares da sua marca de sucesso –, tanto para expressar seus sonhos e ambições como para receber *feedbacks* construtivos.

Qual a melhor maneira de expressar a verdade, a sua vontade de crescer? É fazer seus olhos falarem por você. Eles refletem sua essência, o que você realmente sente, quer e almeja alcançar. Se não demonstram sua verdade absoluta, as pessoas não sentirão confiança em você. Elas pensarão que não vai adiantar falar sobre pontos de melhoria ou um projeto inovador com alguém fechado e distante.

Assim, sempre pergunto a quem reclama que não tem espaço na empresa para avançar: "De que maneira você está se colocando para seu superior? E para seus pares e clientes?". Quanto mais os seus olhos expressarem a verdade, mais as pessoas terão facilidade de entender seu posicionamento e expor o que gostariam de contar, conversar, perguntar, orientar ou alertar.

Quando você diz a verdade ao outro, está considerando-o como alguém importante. É aquela pessoa amiga, líder e parceira que vai bater nas suas costas não para "fazer média", mas para falar tudo o que você precisa ouvir. É bem mais produtivo aproveitar quando as pessoas dizem *a* você em vez de permitir que elas apenas falem *de* você. Percebe a diferença?

Há muitas formas de usar a linguagem corporal para alavancar seus objetivos, mas tenha atenção especial à sua forma de olhar. É nos olhos que seu interlocutor buscará confiança. Seja autêntico e comunique-se de maneira clara e eficiente. Isso fará com que as pessoas do seu entorno respondam de maneira sintonizada e coerente com a sua postura. Acredite: você abrirá caminhos agindo assim.

Quando alguém está sendo dissimulado ou embromador, os olhos da pessoa informam. Aprenda a ter atenção aos detalhes de expressão para identificar se a pessoa está sendo autêntica com você ou não. Isso é essencial na hora de escolher seus aliados. Para cada passo que der, será necessário contar com a equipe correta para lhe dar o suporte necessário. Como já avisei, não ache que é o dono do mundo, que sabe tudo e que vai brilhar sozinho. Você precisa de um time, formado por pessoas com perfis complementares.

Quando montei minha empresa, a SCALDELAI Projetos de Crescimento, quis me cercar de gente valorosa no mercado e em quem eu confiasse, que queria o meu bem e apostasse na minha linha de trabalho. Não contratei de qualquer jeito, pensando na formação da equipe como despesa, mas como investimento. Resolvi arriscar. Trouxe para trabalhar comigo pessoas que participaram da minha trajetória e que tinham salários altos no mercado. Num primeiro momento, inclusive, eu nem poderia bancá-los. O que me fez contratá-los foi o pensamento de que, com a presença deles, eu chegaria aonde queria e mais rápido.

Essas pessoas me ajudaram não somente na entrega dos projetos, mas a me organizar na nova fase que se iniciava. Elas me ajudaram a validar minha imagem como "produto" no mercado. Desta forma, atingimos o primeiro milhão em faturamento depois de oito meses. No final do primeiro ano, faturamos mais de R$ 1,8 milhão e, no segundo ano, tivemos crescimento de mais de 25%.

Caminho desenhado com mudanças

Sempre tive a clareza de que, onde quer que estivesse atuando, eu daria o meu máximo, mas me manteria sempre aberto para melhores oportunidades. Assim, quando enxergava alguma que se adequava à minha escala de crescimento, eu não a deixava passar – sem pular nenhum passo que pudesse me fazer falta no futuro, claro.

Ser autêntico é buscar o autoconhecimento e ter consciência de que, mesmo gostando daquilo que estamos fazendo agora, não podemos deixar que isso crie em nós raízes limitadoras, que nos seguram de modo a nos manter estacionados. Para se refazer o tempo todo, seu caminho precisa ser trilhado com desafios constantes. Assim, é preciso olhar ao redor e pensar: "Eu não *sou* daqui, eu *estou* aqui".

Desenhe seu caminho sem se sentir preso, atado à sua área, porque é isso que emperra muita gente. Sempre surgem oportunidades de se desenvolver em outras áreas, com outras equipes, trabalhando para outros públicos. Você só tem a ganhar ao ampliar seus conhecimentos e experiências.

Quem criou raiz, sem perceber, acaba vendo amigos da faculdade, colegas de equipe e gestores da mesma empresa crescendo, enquanto está emperrado. Daí, bate a crise do "O que eu faço?". Um bom início é buscar seu novo horizonte.

Por isso, é necessário sempre estar aberto a todas as possibilidades de mudar e reconstruir seus modelos de trabalho, visão e organização. As empresas, especialmente as maiores e líderes de mercado, gostam de quem tem esse DNA, pois elas também precisam inovar, inovar, inovar.

Como sabemos, a maneira de consumir tem se transformado drasticamente e, diante disso, as empresas que querem se manter relevantes precisam cada vez mais pensar em um modelo de crescimento alternativo. É importante aprender com o avanço das novas companhias e seus modelos disruptivos e se integrar como protagonista neste novo cenário mercadológico, seja por meio de aquisições, parcerias ou transferência de tecnologia. Não faz sentido dentro nas novas demandas do mercado que as empresas fiquem isoladas na caixinha do "sempre fizemos assim".

Então, se você trabalha em um local que enxerga nas suas atitudes a autenticidade de abraçar mudanças, será um dos primeiros profissionais a ser identificado como indispensável num momento de restruturação. Diante de uma crise econômica ou de reposicionamento no mercado, há empresas que conseguem olhar para dentro e minimizar impactos, sem sacrificar os profissionais que podem fazer diferença.

Por outro lado, caso você seja penalizado num momento como esse, será capaz de se restabelecer de qualquer maneira, pois sabe que não pode – e nem quer – cruzar os braços, vitimizando-se. Profissionais que conseguem mostrar ao mercado que crises são cíclicas elevam as possibilidades de crescer APESAR dos problemas externos.

Torço para que você não sofra por saber que pode vender lenços enquanto outros sentam e choram. Nas oportunidades de mudanças que surgiram até hoje, como você agiu? Como participou? Vou repetir a pergunta pelo viés contrário: Consegue avaliar o quanto você foi barreira ou ponte para a mudança?

Mudança é desafio – ninguém deve barrar alguém que toma a decisão de crescer. Nunca fiz uma contraproposta a alguém que me pediu demissão, por exemplo. Sempre pensei que, se a pessoa pediu para sair, é porque a cabeça dela já estava longe, e que a decisão de se refazer em outro lugar, de outra forma, foi tomada. Se eu insistir para que fique, logo ela entrará na zona de conforto de novo.

Trajetória de melhorias

"Como está o seu inglês?", um recrutador perguntou a um CEO brasileiro, quando ele era bem jovem e disputava vaga de *trainee* em uma multinacional. O candidato pediu uma semana, gastou com um professor todas as economias do tempo que servira às Forças Armadas e estudou quinze horas diárias. Na reunião seguinte, falou o suficiente para passar na entrevista e brilhou por seus outros méritos.

Eu também senti necessidade de obter fluência na língua universal dos negócios. Então, no primeiro período de férias que tive como assistente de marketing na Pillsbury, fui morar um mês nos Estados Unidos. No segundo, escolhi o Canadá. No terceiro, voltei aos Estados Unidos.

Para não estacionar nem criar uma barreira de dificuldades futuramente, optei por abrir mão de muitas coisas para estudar. Enquanto alguns amigos usavam seus recursos para adquirir bens materiais, como carros, por exemplo, eu os usava para desenvolver novas competências. Não me incomodava ter de fazer alguns sacrifícios, porque tinha objetivos maiores e clareza do que buscava.

Conheço pessoas que ficam preocupadas em manifestar o desejo de acelerar seu crescimento por temerem despertar inveja, para evitar comentários como "Ele está aparecendo demais", "Ele está se achando". Algumas dessas pessoas chegam a ficar na dúvida se devem tomar uma atitude ou não, se merecem crescer ou não. Diante de situações assim, defendo a teoria de que esse tipo de reação só confirma que estamos no caminho certo. A gente só incomoda quando traz resultados, conquista aquilo a que se propõe e ainda incita o time a realizar junto. Se isso causa incômodo naqueles que estão na zona de conforto, escolhendo não ser vistos, fazer o quê?

Você tem que se preparar para encarar qualquer obstáculo, sem desistir da sua rota. Se algo não der certo, analise a nova realidade para montar um novo plano de ação. Mesmo que ocorra alguma injustiça, não se deixe abater, use a situação como alavanca para se fortalecer ainda mais.

Em minha carreira, sempre tive uma atitude de entrega absoluta. Com isso, acabei incomodando muitas pessoas, que chegaram a perguntar por que eu estava passando na frente. A saída era conversar. Certa vez, quando recebi uma promoção numa das empresas pelas quais passei, lembro-me de um grande amigo me dizer que estava previsto que ele fosse o gerente de produtos, não eu. Aquilo me pegou desprevenido, mas, felizmente, esse meu amigo emendou:

— Eu sei por quê. Talvez você tenha conseguido mostrar para a empresa que apostar em você traria resultados maiores. Por mais que eu tivesse mais gabarito para estar lá, a sua atitude o diferenciou.

O que me deixou mais feliz foi ele, um baita profissional, acrescentar que me considerava um espelho:

— Agora eu sei os pontos que estão favorecendo o seu sucesso, e poderei me guiar para isso.

Essa foi uma confirmação de que eu estava sendo relevante naquele momento, não apenas para a empresa, mas também para içar mais pessoas. Em vez de fazer o tipo injustiçado, esse amigo aproveitou a situação para enxergar o que faltava aprimorar nele. Essa é uma das maneiras de melhorar seus resultados.

Quando eu faço reunião de *feedback* com algum colaborador, pergunto sempre:

— Se você não fosse você, quem gostaria de ser?

Faço isso justamente para que me mostre quem o inspira. Assim, consigo relacionar as duas pessoas e fazer meu colaborador refletir sobre o que está precisando aprimorar. Para que materialize isso, posso responder, por exemplo:

— Realmente, aquele cara é muito comunicativo, ele se envolve nos projetos. Observe-o, que você chega lá.

Especialmente para quem está iniciando carreira, um dos grandes conselhos é que procure se espelhar em alguém que gostaria de ser. O cuidado apenas é para se espelhar nas qualidades, habilidades e atitudes que quer aprender. Afinal, somos seres humanos imperfeitos, temos de aprender com os erros alheios também e buscar não repeti-los.

Tive a felicidade de ter uma chefe incrível na General Mills e me espelhei em sua atitude para resolver os problemas operacionais – já na forma como se relacionava com os pares, não. Você não pode se espelhar 100% em ninguém ou vai reproduzir também os pontos menos desejáveis – que todos temos.

Portanto, vale descobrir quem são as pessoas que merecem sua admiração e quais são os pontos fortes delas. Você pode se espelhar na habilidade de comunicação empática de uma e na competência para projeções financeiras de outra, por exemplo.

Na ocasião, foi muito bacana ouvir dessa chefe que éramos muito parecidos, só que eu tinha uma habilidade que ela não possuía. Sabe qual? De fazer o jogo ser jogado por todo o time. Tanto que, quando a General Mills comprou a Forno de Minas, fui eleito para ser o elo entre as duas empresas. Foi um desafio enorme, com mudança de cultura e sentimento de perda. Para mim, no entanto, era fácil: bastava apenas entender as diferenças e realinhá-las numa mesma direção. Eu e minha ex-chefe nos relacionamos bem até hoje, inclusive trabalhamos juntos em alguns projetos de consultoria recentes.

Sempre a convido porque nos identificamos um com o outro, nos nossos valores, na maneira de trabalhar.

Papel de relevância e destaque

Ninguém nasce sabendo, nem há uma receita única para aqueles que querem continuar crescendo na carreira, mas esta deve ser uma busca constante. Quando você se propõe a realizar algo diferente, já está se esforçando para não seguir uma linearidade que apaga o brilho próprio. Saber que precisa se destacar da multidão colabora para elevar sua carreira a um patamar de sucesso que a maioria não alcança, mesmo trabalhando com afinco.

Isso não tem nada a ver com se julgar superior; pelo contrário, na hora que você decidir ser protagonista, coloque-se como relevante na vida das pessoas, ao ponto de elas sentirem vontade de tê-lo como aliado nos objetivos delas. Sempre fico feliz quando profissionais com quem já trabalhei, e que considero aliados até hoje, me procuram para fazer parcerias, conversar ou até para me convidar para seu casamento.

Como se alcança esse papel de destaque? Uma das maneiras é cercando-se de gente interessada em ser relevante, que se importa com o todo, lembrando que seu resultado será coerente com a importância e a visibilidade que você vai conquistar. Por isso, você não pode vacilar ou "pisar na bola", principalmente na questão da ética, dos valores e do caráter.

Há quem pense que somente se tornará relevante quando tiver um cargo alto ou trabalhar numa companhia poderosa, com faturamento expressivo. Vamos desmistificar isso já! Não é pelo patamar do seu cargo que você se torna relevante para o negócio, e sim pelas oportunidades que demonstra ser capaz de gerar para o grupo.

Quando me tornei presidente, podia ter adotado um perfil bem financeiro, que é o mais comum. Porém, eu queria ser relevante no negócio dos meus clientes, fazendo-os entender o quanto eram importantes na estratégia de virada que eu precisava realizar na empresa. Então, fui um presidente comercial, que visitava, junto à equipe, do pequeno até o grande comprador dos produtos. É a sua atitude de se colocar como agente de melhorias o que mais conta para se destacar, ou seja, quando sua atitude mostra para o outro que você poderá gerar resultado não só para si, mas para ele também.

Números e atitudes excepcionais

Muitos me perguntam como mensurar os próprios resultados. Para mim, existem duas formas, e uma delas é a numérica. Quantos projetos você precisa entregar neste ano: três, quatro? Numericamente, independentemente do seu cargo ou atividade, se está empreendendo o próprio negócio ou não, todo mundo é medido, e você deve essa clareza aos seus clientes, sejam eles internos ou externos.

No meio corporativo, os KPIs (*key performance indicator*, ou indicadores-chave de desempenho), são uma conhecida métrica para avaliar seus índices de produtividade. Não existe empresa ou cliente legal, você foi contratado para cumprir determinadas metas. Você está trazendo esses resultados? Talvez precise entregar o faturamento *x*, todo dia *y*, para viabilizar o projeto *z*. Saber quais são os indicadores necessários é fundamental para que você possa determinar uma estratégia vencedora para sua atuação.

A segunda forma é atitudinal: você não pode ser mais um. Está conseguindo que as outras pessoas se envolvam com os resultados e percebam a importância de seu papel nisso? Para se destacar, ser referência, você precisa assumir mais riscos, mais desafios, ser criativo e liderar os processos, assumir a responsabilidade de superar as metas.

Como recompensa, muito provavelmente será colocado nos projetos mais inovadores, aqueles que alavancam transformações.

Verdade que são os que dão mais trabalho, mas também geram muito aprendizado e, principalmente, prazer de executar!

Se isso não estiver acontecendo com você neste exato momento, analise como suas ações estão sendo medidas. De novo: o resultado numérico é tangível, ele existe ou não. Todo mundo tem, e é fácil de você mesmo mensurar.

Agora, o atitudinal é tão importante quanto o anterior, embora muitos se atenham somente aos números. Tem a ver com quanto você está aberto para que as coisas boas aconteçam, junto a seu grupo, e se está se desafiando o tempo inteiro. Os dois tipos de resultados influenciam diretamente na rota – e no sucesso – que você constrói.

Se não trouxermos resultados para nós e para os outros, tanto na vida pessoal como na profissional, não temos sucesso. Se não formos autênticos com o que queremos, não ficamos felizes com nossas escolhas. Repare como os dois pilares se completam.

Em vez de relacionar simplesmente com dinheiro – embora seja uma consequência muito bem-vinda! –, eu tenho outra definição para sucesso, que considero mais atual e abrangente.

Sucesso hoje é...

... ser referência na área em que você atua e da forma com que o faz, manter-se em destaque e com resultado. É você, de fato, descansar a cabeça no travesseiro e pensar: "Uau, que vida maravilhosa eu tenho!".

Não é ser rico, paparicado. É buscar novas maneiras de ser relevante naquilo a que se propôs fazer, independentemente do que acham melhor para você e do quanto deseja crescer. É se renovar, inovando.

Dessa forma, você conseguirá aliar, de maneira eficiente, seu lado profissional com o pessoal. Tudo se encaixará, e isso potencializará seus resultados nas duas áreas da vida. Conseguir essa junção materializando sonhos, conforme expliquei no capítulo 1, já facilita muito o sucesso. Só não espere que isso ocorra num passe de mágica.

Resgate seu grande desejo

Digamos que você ame carros antigos, mas esteja trabalhando em algo completamente diverso. Se um dia resolve se refazer e enxerga a possibilidade de incluir essa paixão na sua rota de vida, aí é que tem de pisar fundo. Quando você consegue materializar sonhos, sua força de realização é muito maior, o que dá visibilidade ao seu nome e seu legado.

Qual é o seu grande desejo? O que você ama fazer? Em que gostaria de estar envolvido de corpo e alma, para elevar seus resultados, ser referência e manter-se em destaque? Às vezes, o que lhe falta é resgatar o seu maior desejo e harmonizá-lo com os outros aspectos da sua vida.

Nessa hora, pode vir à tona uma certa confusão sobre o que é equilíbrio: "Ah, então eu tenho que sair mais cedo do trabalho e estar em casa em todos os jantares?". Não necessariamente. O valor que você dá à sua família não é medido pela quantidade de horas, e sim pela qualidade do tempo juntos.

Na maioria das semanas, eu saio de casa na segunda-feira e só volto na sexta. Só que, nos momentos em que estou com a minha família, o meu amor e a minha atenção são exclusivos. Minha esposa e meus dois filhos entendem o esforço que faço para me manter em destaque, ser referência e ter resultados. Isso é indiscutível, assim como o valor que dou a eles na composição da minha meta maior de vida.

Então, responda para si mesmo: Como está o seu balanço? Você está conseguindo ser autêntico e atingindo os resultados que deseja? Quais as mudanças que você já consegue enxergar como necessárias?

4

O MUNDO
É DOS
INCONFORMADOS

A inquietação faz com que você nunca se dê por satisfeito nem aceite a mediocridade. Ela o incitará a fazer diferente e, assim, ganhar destaque – ao menos na área em que decidir agir. Ao fim, saberá que atingiu seus objetivos quando notar que os colegas e chefes estão olhando para você e dizendo "É assim que se faz!".

A primeira atitude para prosperar profissionalmente, conquistar um novo cargo, desafio ou emprego, é ser um inconformado por natureza. Lute contra a facilidade da zona de conforto e acredite que, neste novo momento, de tomar novas atitudes, de se mover e mudar sua rota, você deve se diferenciar. Quando você acredita que está entregando o suficiente, que está indo bem e que não precisa mais superar as suas metas, é porque estacionou e começou a se conformar com tudo como está. Evite essa atitude. Sempre!

Ser um inconformado incomoda, então... OS INCOMODADOS QUE SE MUDEM!

Quando você cresce, a expectativa em torno do seu nome aumenta. É necessário pensar que, se chegou até este ponto, consegue superá-lo e crescer ainda mais, pois uma rota de sucesso nunca tem fim. Ela só acaba para aqueles que se conformam, que sentam na janelinha. Nunca fraqueje na sua busca por crescimento. Nunca se limite! O oceano é sempre azul, e o copo tem que ser sempre visto como meio cheio, e não como meio vazio, como algumas pessoas pensam.

Já vi, e garanto que você também, muitos gerentes e diretores que entregam o número *x* e acham que está ótimo, que trabalharam demais, que fizeram seu máximo, e apenas aguardam os bônus no fim do mês. Essas pessoas não pensam que, sem aliar esses resultados ao resultado atitudinal (de usar o comportamento proativo para alavancar os negócios), esses números maravilhosos vão começar a cair – enquanto o colega ou concorrente fará melhor.

Atualmente, nota-se uma tendência de diminuição dos níveis hierárquicos pelas empresas, como um dos efeitos da recessão, mas também como mudança estrutural. Essa mudança significa uma injeção de desafios e cobranças de resultado tanto para os que ficam como para os que saem. Assim, aqueles que não estiverem motivados e conscientes da realidade do mercado serão penalizados.

Ouvimos falar a respeito de gerentes e diretores que são dispensados e, logo depois, montam um escritório de fachada, só para não admitir que precisam mudar. Alguns escondem a realidade até da família. Essas pessoas não sabem canalizar seu incômodo para trabalhar sua rota e voltar mais fortes lá na frente. Apenas se dão por entregues ou resistem às mudanças necessárias.

O primeiro passo para o fracasso
é acreditar que tudo está ótimo!

Entretanto, quando esse profissional obtém algum destaque em sua área, ele pode ser procurado por um *headhunter* e ir para outra empresa. Então, o que se deve fazer? Isso pode lhe dar uma falsa sensação de segurança, mas não confie. É preciso renovar sempre. Numa situação dessas, você tem uma ótima oportunidade de agir de forma diferente, em vez de fazer o mesmo que na cadeira anterior. Não ache que, por ingressar em outra empresa, talvez maior ou com um cargo superior, você não precisará se esforçar mais do que o necessário. Isso é uma ilusão.

Não seja mais uma "hiena"

A essa altura da leitura, você já deve ter começado a analisar o quanto procura mudanças, dá ideias inovadoras ou participa dos movimentos transformadores no seu trabalho.

Não se julgue mal, acreditando que é preciso fazer algo de proporções exorbitantes para se mostrar relevante e levar seu caminho para uma direção mais significativa. Você não precisa comparar seus resultados aos de outras pessoas nem ter metas gigantescas, como se tornar o presidente da empresa antes dos 35 anos. Você não precisa se transformar num Mark Zuckerberg do dia para a noite. Tenha em mente que cada mínima mudança é um desafio que, ao ser ultrapassado, pode fazê-lo avançar. Para isso, é bom começar evitando se comportar como as "hienas" da vida, reclamando e atrapalhando o progresso do grupo. É possível perceber logo de início quem coloca resistência e age como barreira de crescimento (próprio e alheio).

O mercado costuma chamar de "hiena" o colega ou subordinado que deixa o outro se dar mal e depois o expõe. Esse perfil de pessoa acaba encontrando o fim da linha sozinho, pois uma hora a máscara cai.

Como gestor, não permito que alguém assim faça parte do meu time, da minha visão de sucesso. Não consigo sequer imaginar como uma pessoa com esse perfil consegue prosperar, me parece impossível. A gente tem que jogar o jogo para ganhar, assumindo um posto de relevância.

Eu ponho minha cabeça no travesseiro todos os dias entendendo que as pessoas agirão corretamente. Por essa confiança, tive um chefe que falava:

— Você acredita demais em Papai Noel. As pessoas são maldosas.

— Eu prefiro acreditar em Papai Noel, porque vou estar feliz sempre. Gosto de gerar um clima maravilhoso para que todos conquistem o melhor. Se vivermos com medo da perseguição ou achando que as coisas podem estar acontecendo da maneira errada, travamos.

Para mim, as "hienas" são aquelas pessoas que, por algum motivo, não conseguem se sair bem, por não acreditarem nelas mesmas. Preferem falar mal da empresa, do colega, do mundo, sem se darem conta de que estão reclamando da sua falta de atitude. Elas não se sentem fortes o suficiente para mudar o que desejam, se contentam em permanecer descontentes em vez de canalizar suas habilidades e competências para alcançar sua vida ideal.

Mesmo trabalhando numa empresa que não oferece informações detalhadas sobre seus objetivos, você pode buscar ser um profissional diferenciado. É sempre possível descobrir novas ferramentas, estudar o que a concorrência está fazendo, conversar com seus clientes... Use as ideias que virão do seu inconformismo, insista e não desista de seus projetos.

No cenário ideal, todo mundo é bom e capacitado, mas destaca-se quem está preparado para trabalhar novas soluções em condições anormais e sob pressão. É aquela pessoa que procura enxergar o que a maioria não está vendo. É bem-vindo demonstrar sua insatisfação, desde que você mostre sua capacidade de superação e de puxar o time.

As "hienas" da vida não têm essa atitude e não querem desenvolvê-la, porque se sentem menores do que aqueles que estão alcançando resultados. Não querem competir, não querem se desafiar, não querem jogar o jogo devido às suas fraquezas inconfessáveis.

Não pense no próprio umbigo

Às vezes tenho vontade de dizer: "Fulano, pare de falar mal e comece a participar do jogo, mexa seus botões internos e olhe pra frente". O mercado precisa de pessoas que buscam ser sempre melhores, independentemente do contexto. Pessoas que são inconformadas, que caminham desafiando o seu limite, para superar o que a empresa lhes impõem. Elas sabem quão importante é olhar o todo, não só o próprio umbigo.

Em um mês ou outro, é normal o funcionário não conseguir o resultado esperado. Isso acontece, assim como a sensação de desânimo e frustração. Você só não deve se resignar. Acima de tudo, é preciso se revoltar com a situação, não aceitá-la e tentar agir de maneira diferente para que não se repita. Sempre procurei trabalhar com inconformados, por isso não precisava dar broncas como diretor ou presidente. Eu não precisava falar nada, mas meus olhos diziam "E aí, como vai reagir?". Os próprios funcionários, quando não conseguiam atingir o resultado, ficavam incomodados, até tristes, por ter de vir falar comigo, pois eles sabiam que eu jogava, e jogo, para fazer resultados junto ao time, para crescermos.

Por isso, não dou espaço para o outro perder. Dou espaço para ficar inconformado por ter perdido. Tenho que sentir que aquela pessoa que enfrentou uma dificuldade maior está aflita, decepcionada por não me entregar a meta, porque isso significa que vai se superar depois. Sempre digo que, quando as pessoas são tomadas pela emoção, arranjam forças que talvez nem soubessem que tinham para lutar por algo.

É compreensível que imprevistos – como greves dos setores públicos e privados – prejudiquem um resultado. Em situações como estas, vemos se e como a pessoa está engajada em contornar o problema e correr atrás do prejuízo, visando ganhar ainda mais.

Esse perfil tem que ficar muito claro nas atitudes do profissional que se dedica a buscar alternativas, experimenta novas ferramentas, visita clientes e que sabe jogar com o time.

É importante ressaltar que a superação é, acima de tudo, para fortalecer a própria pessoa e o caminho que ela está trilhando, não para agradar o chefe. Quando o inconformismo se tornar um hábito, seja dentro da área que você atua, seja empreendendo, ficará mais fácil se refazer aliando o trabalho aos sonhos.

Em minhas reformas de mim mesmo, principalmente na última, busquei encaixar aquilo com que vinha sonhando para o meu futuro com minha família. Agora que encontrei o caminho e que saí da rota convencional para conquistar meus sonhos, é impossível alguém me superar. Tenho certeza de que vencerei sempre. Saio de casa determinado a chacoalhar o mundo, e percebo que isso é a maior provocação para quem trabalha infeliz.

A boa notícia – para mim e para você que também vai se tornar um inconformado – é que as empresas estão querendo encontrar profissionais apaixonados pelo que fazem, que têm o desejo latente de fazer diferente, que investem na produtividade com criatividade. Essa é minha maneira de viver: sempre em busca de algo a mais. Querer é estar a um passo de se reconstruir, porque, quando você tem desejo, busca outros caminhos, mesmo se for dentro da mesma empresa.

Acredite que tudo pode ser melhor

Voltando no túnel do tempo, considero a decisão de sair da minha cidade natal a minha primeira grande atitude, pois abandonei o conforto da casa dos meus pais. Foi a melhor coisa que fiz e mal posso esperar para meus filhos dizerem:

— Pai, eu quero estudar e morar fora de casa.

A decisão de sair de casa, para mim, é a mais importante para o estabelecimento da rota própria. Pena que a geração "canguru" fique adiando sua independência, mesmo quando possui renda suficiente para se sustentar sem ajuda. Por outro lado, muitos pais não só se conformam com essa adolescência tardia, como tentam de todas as formas manter os filhos na barra da calça, dispondo-se a sustentá-los pelo tempo que for necessário.

Por sorte, ou não, o tempo não perdoa. Mesmo que pais e filhos escolham não crescer, a vida força a perceber, cedo ou tarde, que o nosso tempo de produtividade é curto. Em algum momento, eles decidirão trilhar uma rota própria com todos os riscos inerentes a isso, a fim de realizar seus sonhos individuais.

Para crescer é preciso dizer "não" para várias situações que surgem em nossas vidas. Aconteceu comigo. Nasci e fui criado em Catanduva, cidade com cerca de 120 mil habitantes no interior paulista[2] – o que resultou no meu sotaque caipira, do qual me orgulho muito. Na época, eu morava com meus dois irmãos mais velhos e meus pais, ambos professores dedicados. Na escola pública onde eles lecionavam e eu estudava, me destaquei não só na sala de aula como na organização de uma série de atividades culturais. Minha atitude se destacava tanto que alguns professores se uniram a um importante empresário da cidade, Afonso Macchione, para custear meu ensino médio num colégio particular.

2. Segundo estimativa do IBGE em 2017. Disponível em: <https://cidades.ibge.gov.br/brasil/sp/catanduva>. Acesso em: 10 ago. 2018.

Pouco tempo depois, ao me revelar um jovem criativo, comunicativo e que liderava o que fosse preciso, fui aconselhado a cursar Publicidade e Propaganda. Infelizmente, a região onde eu morava não possuía aquele curso – ela se desenvolveu muito bem nos últimos anos, mas, em 1994, as coisas ainda eram difíceis.

Entretanto, tive estímulo, orientação e oportunidade, então me esforcei e fiz por merecer. Óbvio que todos ficariam contentes – e esperavam por isso – se eu voltasse com o diploma da Escola Superior de Propaganda e Marketing (ESPM), faculdade que escolhi cursar na capital paulista, para montar a maior agência de publicidade de Catanduva. Esse era o plano de muitos, mas o meu era de ser feliz, e os planos mudaram de rota.

Aquele universo tornou-se pequeno, pois meu horizonte se ampliara durante meus anos como universitário e estagiário em São Paulo. No meu primeiro livro, *Você pode mais! 99,9% não é 100%*, a propósito, detalho a surpresa que foi conviver com alunos da alta sociedade, viajados, donos de outra visão de mundo, enquanto eu era um jovem do interior que não conhecia nada daquele contexto. No início, eu me senti deslocado, intimidado e com saudade do apoio familiar. Felizmente, desistir ou reclamar estava fora de questão, então, tive que me reinventar e criar condições para ser respeitado, sem abrir mão da minha autenticidade de menino do interior. Em pouco tempo, tudo ficou melhor.

Todo mundo pode ter pessoas na torcida por seu sucesso, mas adianta ouvir "Você tem talento", "Você pode muito mais", "Você vai longe" sem sair da cadeira para fazer acontecer? É fácil achar que tem talento e ficar aguardando o ouro cair do céu. Para realmente alcançar o que almeja, é preciso se movimentar.

Na minha formação educacional e como pessoa, uni o incentivo dos meus pais e professores à minha meta de ser feliz. Eu vivia uma situação em que meus desejos não ficavam apenas no limite da minha cidade. Não questiono quem quer se redescobrir em sua terra natal, por isso friso que dá, sim, para fazer diferente aí. Porém, no meu caso, eu enxergava outro caminho.

Equilibre seus vários interesses

Na época, saí de Catanduva com o objetivo de ser um vencedor. Não existia na minha cabeça nenhuma chance de isso não acontecer, pois eu já sabia que essa meta precisaria ser alcançada pelas entregas de resultado. Então, me esforçava para poder entregar cada vez mais e mais.

Como sempre tive o apoio de diversas pessoas – que apostaram em mim e me ajudaram muito –, saí da minha cidade com vontade de retribuir toda a confiança. Para tal, a minha meta era alcançar um grande cargo, para mostrar que o incentivo deles tinha valido a pena. Foi aí que eu não priorizei o equilíbrio. Não por ter chegado à presidência de uma empresa conhecida por todos, mas porque a minha vontade de vencer era tanta que foquei 100% no trabalho, não tendo uma vida com minha família da forma como deveria (e desejava). Mas não me culpo por isso. Tudo é um aprendizado.

Um exemplo que demonstra quanto eu estava focado é o nascimento do meu primeiro filho, em março de 2011. Ele nasceu junto com o lançamento na mídia da campanha "Mulheres Evoluídas", carro-chefe da revolução na imagem da Bombril que começávamos a fazer no mercado – capitaneada por mim.

Nunca tive um fim de semana tão intenso, ainda mais porque a campanha causou polêmica com o público masculino mais conservador – o que tem seu lado benéfico para quem quer provocar mudança de patamar. Por outro lado, ao atender várias chamadas telefônicas referentes à campanha, quase que não vivenciei direito o momento único de me tornar pai. A tempo, resolvi desligar o celular para me concentrar na chegada do meu primogênito e apoiar a mulher que amo.

Aprendi que tudo na vida, para trazer satisfação verdadeira, carece de um equilíbrio mínimo com os outros aspectos. Então, se você respirar apenas o trabalho, por mais que ame o que faz, não conseguirá nunca cultivar relacionamentos saudáveis – e se engana aquele que acha que sim.

Depois que me desliguei da Bombril, me reaproximei das minhas origens, pois passei a comandar o LIDE Rio Preto, a apenas quarenta minutos de carro da minha cidade natal. Desde então, viajo para São Paulo e volto semanalmente.

Seria uma boa oportunidade voltar a morar no interior, criar meus dois filhos com mais qualidade de vida, mas, afinal, o que é isso? Para cada pessoa tem um significado. Não é só ter ar mais puro, menos estresse no trânsito e redução de despesas, embora sejam ótimos benefícios. Esses são alguns fatores, mas deve-se analisar o todo para que você e as pessoas que ama sejam felizes.

Enquanto as crianças se adaptariam rapidamente e curtiriam a novidade, minha esposa não o faria. Conversei com ela, e acabamos ponderando ser melhor não chamar o caminhão de mudança. Como eu viajo muito, ela optou por continuar na cidade em que vive sua família e as amigas dela, assim, teria uma rede de apoio, especialmente nos momentos em que eu estivesse ausente.

Para mim, qualidade de vida é SER FELIZ. É o equilíbrio das vontades, para não nos sentirmos incomodados depois. Se eu só pensar em poupar mais dinheiro e tempo, posso acabar com meu casamento amanhã, e ele vale muito nessa busca por felicidade.

Saiba o *timing* certo para cada coisa

Acreditar em si mesmo é extremamente importante, mas não basta. Juntamente com querer abraçar as oportunidades, você tem de saber se o *timing* está correto. Vou contar uma passagem da minha vida que exemplifica como isso é importante!

Quando vim para São Paulo, entrei no processo linear de fazer faculdade, arrumar estágio aos 19 anos – foi na empresa de pesquisa de mercado Nielsen – e conseguir ser efetivado. Dois anos depois, fui levado por um dos clientes para a *Pillsbury* para ser analista de marketing, depois gerente.

Na General Mills, aprendi muito tanto profissionalmente como pessoalmente. Estava subindo degraus, crescendo, até que, no meio do caminho, vi o meu *hobby* se transformar em uma grande oportunidade.

Quando revelo em palestras que já tive uma banda maravilhosa batizada de Bregalize, a surpresa é geral. Sim, eu era vocalista e líder de um grupo de cinco caras que uniam música e diversão ("com originalidade", nas palavras do mito Jô Soares). Nós cinco costumávamos indagar: "O que na nossa época seria muito divertido? Recordar a música brega!".

Com roupas de tecidos brilhantes e perucas de material reciclável imitando o topete do Elvis Presley, queríamos transmitir alegria e luminosidade no visual e nas músicas, selando nosso estilo "new brega". Na época, tinha um amigo da faculdade, Rodrigo, com quem eu inventava a maioria das letras. Todas falavam sobre situações do cotidiano, com pitadas dos anos áureos de Sidney Magal e outros ícones.

Durante muitos anos, enquanto estava em cargo executivo, jamais comentei sobre esse meu *hobby*. A verdade é que sempre amei música e estar no palco, que para mim é sinônimo de libertação e sempre me fez me sentir muito bem. No fim, a banda tomou forma, fazíamos esse trabalho artístico com tanto amor, que começamos a chamar atenção.

Em 2009, fomos ao *Programa do Jô*, e a entrevista teve uma repercussão enorme. Aí eu falei a mim mesmo: "Calma". No fim, fiquei um mês afastado da empresa. Cometi o equívoco – ou não –

de dar meu número de celular no ar para contratação de shows. Todo mundo que viu começou a me acionar, exigiam atenção e não dava para eu seguir duas rotas distintas. Chegara a hora de tomar uma decisão.

Eu estava concretizando um sonho, sentindo o pulsar do sucesso do dia para a noite e me realizando no palco. Nasci com essa veia artística. No entanto, havia uma parte de mim buscando uma vida que me daria uma felicidade mais sustentável. Ser feliz como músico ou como executivo? Com qual das duas carreiras meu caminho não teria um fim?

Dividir energia e foco não funciona. É por isso que não acredito em ter plano B. Por isso raciocinei: "O meu brilho não vai se apagar pelo fato de escolher seguir no mundo corporativo. Pelo contrário, agora que decidi, como é que posso continuar crescendo, tendo destaque, sob os holofotes e recebendo reconhecimento?". Era disso que eu precisava, pois é disso que eu gosto.

Não posso dizer que esse foi o segundo momento da minha vida em que me refiz, porque continuei na mesma rota, só que com gás renovado pela minha decisão.

Harmonize-se com seus valores

Nos dez anos que fiquei na General Mills, revolucionei a imagem de algumas marcas, como Forno de Minas, que tornou-se referência de pão de queijo no Brasil inteiro, Frescarini, sinônimo de massa fresca, e Häagen-Dazs, o desbravador do segmento *premium* de sorvetes no país. Até que um dos cinco presidentes que tive nesta empresa foi para a nacional Bertin e me contratou para dirigir as áreas de Marketing e P&D (Pesquisa e Desenvolvimento), e depois a área comercial. Fui com ele, mesmo recebendo uma proposta para continuar como gerente na General Mills, mas em Mineápolis, nos Estados Unidos. Não aceitei, pois seria mais um, e nunca tive o sonho de fazer carreira fora do meu país.

Na época, na Bertin, eu também queria fazer uma revolução com as marcas Vigor, Leco e Danúbio, e me desafiar a criar uma marca para carnes, um segmento tão *commodity*. Assim, poderia acelerar minha rota de sucesso, ganhar ainda mais visibilidade e relevância no mercado. Então, de repente, a JBS, controlada pela família de Joesley Batista, comprou a Bertin. Foi um banho de água fria. A cultura da empresa mudou completamente.

Comecei a me reportar diretamente ao Joesley, que passou a ser meu chefe indiretamente e quis que eu permanecesse como diretor de marketing. Infelizmente, já não era a mesma coisa. Sabe quando você perde o brilho? Isso pode ocorrer com todo mundo, e aconteceu comigo nessa situação.

Todos nós temos nossos valores, os construímos ao logo de nossas vidas e devemos respeitá-los. Quando entramos no mundo corporativo, eles devem harmonizar com os da empresa em que trabalhamos, da escola que escolhemos para os filhos, da pessoa com quem decidimos nos casar...

Se a sua meta de vida é ser feliz e você percebe que, em algum momento, seus valores não estão casando com o que faz profissionalmente, saiba que sentirá o peso. Quem objetiva exclusivamente chegar ao cargo *x* e ter o dinheiro *y*, por sua vez, não coloca os valores no centro das decisões e talvez não evolua tanto nem consiga melhores oportunidades.

Naquela ocasião, três meses após a aquisição da empresa, eu mudei. Percebi que o que era importante para mim já não encontrava lugar lá, não enxergava mais o meu espaço ali. Isso é algo que pode acontecer com qualquer pessoa em qualquer lugar. Muitos continuam felizes lá. Eu é que não me encaixava mais.

No entanto, surgiu a oportunidade na hora certa: uma entrevista comigo sobre inovação, produzida pela revista *Exame*, fez o principal acionista da Bombril, Ronaldo Sampaio Ferreira, querer me conhecer. Logo depois, ele me contratou para dirigir a área comercial.

Nossa... Eu cheguei ao ápice. Ali, sim, alinhei todos os meus valores com a minha meta de ser feliz. Que casamento! Eu desejava muito trabalhar com aquela marca das 1.001 utilidades, que mexia com o coração do Brasil.

De tudo o que falamos neste capítulo, quero que fique muito claro para você que:

- Ser um inconformado significa acreditar que as coisas sempre podem ser melhores, e cabe a você liderar o processo de melhoria;
- As melhores oportunidades nascem quando colocamos nossos valores em alinhamento às nossas práticas. É o casamento perfeito!

Perguntas indispensáveis para refletir

- Eu enxergo futuro na minha rota atual ou ela parece ter fim?
- Eu estou sempre querendo superar minhas metas ou me dou por satisfeito com o que estou conseguindo atingir?
- Quando não consigo o resultado que almejo, como me sinto?
- As pessoas acham (ou até dizem) que eu sou reclamão?
- O que realmente fiz de diferente no último ano, gerando uma relevância maior, para poder ser autoridade em minha área de atuação?
- O que fiz está dentro de um padrão ou pode ser valorizado como algo maior?

Na rota dos inconformados... não cabe fim ou reclamações, e sim constante superação de metas, busca de relevância e valorização da sua dedicação e competência.

5

QUEBRE O AUTOMATISMO

Romper com o automatismo significa buscar oportunidades, não depender do plano de carreira da empresa nem de outras variáveis externas, superar expectativas e destacar-se. Para alcançar esses resultados, é necessário elevar a consciência de suas ações, questionar os modelos vigentes e lançar-se a novas possibilidades.

Ao permanecer no automatismo, você não é desafiado, pois ele facilita que tome decisões precipitadas, por serem as mais fáceis. Às vezes, pode até parecer que você está resolvendo suas questões de imediato, sendo ágil, mas, ao contrário, está apenas sendo levado pela impulsividade – e essa atitude não o ajudará a se planejar nem alcançar sua meta final de vida.

O impulso NÃO faz com que você atinja a felicidade; faz com que tenha a ilusão de que está feliz – só que momentaneamente – por ter resolvido rapidamente algum incômodo. Como nos foi ensinado desde a infância, a pressa não nos leva a nada. Infelizmente, nem tudo na vida é resolvido em poucos instantes. Em algumas situações, é o mesmo que estudar apenas um dia antes da prova. Não adianta, o resultado será ruim! Um exemplo que gosto de dar é o do casamento. Quando as coisas não vão bem, separar-se imediatamente pode parecer a melhor solução, mas nem sempre é em todos os casos. E o pós-divórcio? E tentar resolver os conflitos? Para qualquer decisão, é preciso ter um plano bem desenvolvido e manter o objetivo claro.

O que quero é que, daqui em diante, você pare de agir automaticamente. Comece a analisar seu comportamento e suas atitudes, meça até onde vai o automatismo e elimine-o de sua rotina. Quando sentir que algo não vai bem, pare e respire. Você tem todo o direito – e dever consigo mesmo – de parar, repensar, conversar, renovar. Nessas horas, é importante ampliar o horizonte para enxergar opções.

Gosto de fazer analogia com os pontos de parada existentes na rodovia Imigrantes (SP). Eles permitem que os motoristas estiquem as pernas, vejam paisagens naturais e a cidade de Santos de um mirante, tirem fotos e comam algo. Nesses locais, os motoristas e os passageiros saem do automatismo, deixam de olhar apenas para a estrada reta para observar os arredores. E como é bom, às vezes, sair dessa reta linear e olhar outras paisagens! Enxergamos tão longe algumas oportunidades que não estávamos vendo...

Acumule conhecimento a cada passo

Mudar de empresa é uma grande oportunidade para escapar do automatismo e crescer profissionalmente, mas é necessário saber o momento certo de fazer isso.

Qual é o momento certo? É quando você recebe oportunidade de um crescimento real de cargo e empresa. Enquanto estiver apenas variando de júnior a sênior, o aprendizado será maior mantendo-se na mesma empresa. Agora, se está se destacando como analista e é chamado por outra empresa para ocupar a gerência, aí sim você tem de considerar a proposta – pois representa a possibilidade de mudar de parâmetro, principalmente se não enxerga essa oportunidade no horizonte na empresa em que trabalha.

Como mencionei, desde que comecei a ter funcionários, tomei a decisão de nunca fazer contraproposta a quem recebe convite de outra empresa. O que sempre pergunto é para qual cargo a pessoa foi chamada. Se for para o mesmo, apenas mudando de nível ou com um novo salário, digo que, indo para outra empresa, a pessoa possivelmente interromperá o ritmo de crescimento que vinha tendo. Se é o seu caso, saiba que existem vantagens em manter-se no emprego atual. Pense comigo: as pessoas ao redor conhecem o seu trabalho, você sabe das dificuldades e dos desafios que seu cargo exige e já, inclusive, amadureceu dentro desse ambiente. Talvez você precise apenas galgar seu crescimento. Em outra empresa, precisará começar do zero.

O ponto é: todo profissional, independentemente do estágio na carreira em que se encontra, tem que tomar muito cuidado com ofertas de emprego que soam como "a chance da sua vida". Mais importante é pensar se essa oportunidade trará de fato um aprendizado crescente. A ideia de que você só será valorizado mudando de empresa muitas vezes é um engano. É preciso analisar a situação e, em alguns casos, saber quando falar "não".

Para esclarecer: um bom vendedor pode ser um péssimo supervisor se for promovido antes da hora. O mesmo bom vendedor, no entanto, pode se transformar em um excelente supervisor se chegar lá crescendo cargo a cargo e construindo aos poucos, mas solidamente, a sua história. No início da carreira, sobretudo, o aprendizado vale ouro. Quanto mais se adquire experiência prática e conhecimento, gabaritando as possibilidades de cargos e escalonando-as corretamente, mais se garante um passo maior e mais equilibrado lá na frente.

Eu tinha um funcionário na General Mills que era um ótimo analista júnior. Quando surgiu uma vaga para gerente de produto júnior, nosso presidente quis indicá-lo, mas, por mais que tivesse capacidade, pular as funções de analista pleno, e depois sênior, significaria uma lacuna em seu desenvolvimento.

Na época, ele ficou bravo comigo, porque não concordei com sua promoção. Falei que ele precisava subir uma escada de aprendizados, pois, por mais que o presidente o quisesse e visse seu potencial, esse salto poderia arruiná-lo mais à frente. Aquele não era o momento certo.

Algum tempo depois, ele se tornou diretor geral da General Mills em Madri. Hoje, ele entende, reconhece meu argumento e me agradece por minha atitude:

— Naquela época, eu poderia ter queimado o meu crescimento por causa da minha ansiedade, mas você teve a visão correta para desenhar todo caminho que eu precisava e poderia.

Quem não planeja o caminho a percorrer muito comumente cai na cilada de achar que pode acelerar sua rota de sucesso simplesmente saltando para o cargo mais alto. Até é possível, em casos extraordinários, uma situação assim dar certo, mas a perda de bagagem é bastante significativa e pode refletir no futuro, trazendo prejuízo e crise de carreira.

Entenda que cada passo na carreira é necessário para acumular conhecimento e prepará-lo para o próximo. Se você saltar muito longe, ficará sem base.

Busque desafios incessantemente

Ao dizer que é importante não pular os degraus para o cargo desejado, não espero que ninguém estagne onde está. É preciso continuar em busca de desafios que o façam caminhar cada vez melhor e mais firme. Quando você se desafia, se prepara para responder rápido e criativamente, e esses desafios podem vir tanto por iniciativa da empresa como por vontade própria. Assim, você não se torna apenas um na engrenagem, mas sim um prestigiado, visto como peça-chave para as estratégias de crescimento. Isso implica enxergar o que precisa melhorar em si. É ótimo enxergarmos nossos pontos mais frágeis, e não, eles não são defeitos.

Não enxergo esses pontos como defeitos porque cada ser humano carrega uma bagagem relacionada a como viveu e foi criado. Não devemos esperar que todos sejam iguais a nós, pois ser diferente não é errado. Pelo contrário, temos de montar um time com estilos, habilidades, competências e visões que se complementem.

Muitas vezes seu funcionário não terá todas as atitudes que você gostaria que ele tivesse, mas ele vai ter atitudes que, somadas às suas, farão com que as coisas aconteçam e os dois sejam vitoriosos. Então, escolha não olhar defeitos, nem dê este nome às diferenças..

Certa vez, participei de uma avaliação 360 graus na General Mills com resultados discrepantes. Enquanto meus pares deram notas altas, eu mesmo dei notas baixas para o meu desempenho. Depois, uma analista do departamento de Recursos Humanos me chamou e jamais esquecerei o que me disse:

— Nunca se dê notas baixas porque estará assumindo que tem defeitos, quando, na verdade, você pode melhorar em tudo.

O que ela me ensinou foi que, ao ter atitude, é possível se aproximar da excelência profissional. Mesmo que em seu estágio atual você esteja abaixo de alguns, é certo que também está acima de outros.

Portanto, repense sua base de comparação: você não pode pensar apenas nos pontos ruins. Compare-se com o todo e é bem provável que não se dê notas discrepantes, pois não vai se subestimar nem se superestimar. É vital ter clareza sobre como você está em relação aos outros, e é sempre possível que se surpreenda ao constatar que está melhor do que imaginava.

Como sou perfeccionista, tendo a me martirizar e sofro muito com isso. Se você for assim também, para não virar vítima da situação, precisa ficar atento para não se colocar na linha de baixo. Você tem que se qualificar em relação aos profissionais da sua equipe ou área, identificando os pontos em que precisa melhorar.

Na avaliação 360 graus seguinte, fui novamente muito bem avaliado pelos meus pares e chefes, mas, dessa vez, as notas que me dei estavam nos mesmos parâmetros que as deles. Se os outros consideraram que meu desempenho estava bastante positivo, por que eu iria me penalizar puxando o resultado para baixo?

Saber que temos algo a melhorar no item *x*, na habilidade *y* e na competência *z* não significa nota zero ou que somos piores do que todos da empresa. Se nós ainda trabalhamos ali, se temos pessoas que confiam em nós, significa que não somos um "zero à esquerda", como se diz. Não temos que nos jogar para baixo; temos que ter consciência das melhorias a fazer.

Faça mais e ganhe velocidade

Nas empresas que oferecem aos funcionários um plano de carreira bem definido, normalmente os períodos são mais bem determinados. Quando surgem as oportunidades, busca-se preenchê-las internamente, respeitando o tempo de aprendizado em cada cargo.

Essa é uma política mais presente nas multinacionais e, embora seja ótima para aumentar seu conhecimento e experiência, insisto no seguinte: romper o automatismo é buscar as oportunidades independentemente do plano de carreira existente. Saiba qual é o seu próprio tempo de aprendizado e você não dependerá do direcionamento de ninguém quando a oportunidade surgir.

Embora os resultados sejam importantes, o mais relevante é a sua atitude! Isso faz com que você seja visto como alguém que tem as qualificações que a empresa precisa para aquele cargo. Se você acorda todo dia decidido a fazer além do resultado esperado e realmente supera as expectativas, demonstra ter um perfil profissional extremamente relevante para as estratégias da empresa. Com isso, começa a ser visto de forma diferenciada e é lembrado quando surgem oportunidades. Dessa maneira, consegue mudar de cargo numa velocidade maior que a prevista pelo plano de carreira tradicional.

Em meu primeiro livro, *Você pode mais! 99,9% não é 100%*, discuto exaustivamente que apenas chegar próximo do número esperado, ao contrário do que muita gente pensa, não é entrega de resultado. Todos são contratados para atingir, no mínimo, 100% da meta, e serão cobrados por isso.

Tem quem comemore por ter crescido em relação a determinado período anterior, mas, se não chegou ao mínimo planejado, deveria ficar incomodado, para não entrar no automatismo de se contentar com o "quase". Há ainda aqueles que perdem um tempo precioso para justificar o "não resultado", argumentando que era impossível. Quando isso ocorre, eu corto a conversa na hora, avisando que não existe justificativa para não atingir a meta.

Quando se trata de resultados, você tem que fazer, ponto. O que pode, e deve discutir, são as armas, as estratégias e as ferramentas para alcançá-los. Isso, sim, vai pôr na mesa os caminhos possíveis. Pedir ajuda, saber como os outros da sua equipe estão evoluindo, buscar mais orientações do seu líder, unir forças com outra área... Tudo isso se constrói durante o processo, não no último dia do mês.

Também é bom acreditar na lei de Murphy: temos que sair de casa pensando em fazer 200% da meta. Pensar em diferentes formas de buscar o resultado. Entender que o oceano é azul, e o copo sempre está pela metade. Por quê? Se você pensa em fazer 100%, pode ser que algo dê errado e prejudique o seu trabalho. Não se limite. Não pense simples.

Transforme clientes em parceiros

Outro ponto importante quando falamos em obter mais resultados é criar um relacionamento tão produtivo para os dois lados que transforma seus clientes em parceiros. Cliente só o ajuda naquilo que é favorável a ele. Hoje, ele quer falar urgentemente com você, amanhã talvez não o atenda. Quando esse cliente se torna parceiro, passa a jogar o jogo como via de mão dupla: ajuda e é ajudado.

> Quem tem parceiros constrói resultados;
> quem tem clientes, não.

Como transformar clientes em parceiros? Com atitude! Mostrando que ele pode contar com você para resolver os problemas – ou, ao menos, contribuir para ajudá-lo a resolver. Procure evidenciar que o resultado vem e que, juntos, vocês geram mais oportunidades para conquistar os resultados que buscam.

No início, tudo depende muito de você surpreendê-lo, colocando-se à frente das expectativas para que pense "Essa é uma atitude diferente". Daí, siga em frente construindo uma relação de confiança.

Em qualquer boa parceria, vale muito mais o olho no olho do que o contrato assinado.

Há uns bons anos, trabalhei numa empresa de carnes que não era a líder de mercado. Mesmo assim, um cliente importante confiava que o nosso grupo sempre tinha a melhor informação para lhe fornecer: tudo o que ele queria saber sobre o movimento daquele setor, perguntava a mim.

Tudo o que fiz foi estabelecer uma relação de relevância não diretamente no resultado, mas no entendimento de mercado. Conto esse exemplo para reforçar que quem dá a relevância é você, beneficiando também a empresa que representa. Caso você não se enxergue como relevante, faça uma autocrítica. Provavelmente não está sabendo se colocar para seu cliente e precisa melhorar para transformá-lo em um parceiro.

Esse é o grande caminho para todo mundo, não só para quem atende clientes externos. Por exemplo: quem é da área financeira pode mostrar para quem é de marketing o quanto pode agregar ao negócio dele. Na área de *supply chain* (cadeia de suprimentos), a mesma coisa.

Quando você se torna parceiro, ganha relevância. Quanto mais relevante para os departamentos, a empresa, os fornecedores e os clientes, maiores serão as oportunidades de crescimento, de aprendizado, de troca e de visibilidade.

Queira as metas grandes

Diz o provérbio que "Quem procura acha". Então, mostre-se preparado para receber desafios maiores. Seus chefes e/ou clientes, ao perceberem o que você procura, que tem o perfil de escapar do automatismo, vão solicitá-lo para projetos de "gente grande".

Foi essa atitude que me levou para a marca que mexia com as emoções dos brasileiros havia três décadas. Eu nunca tinha trabalhado com uma marca *tão* popular, até assumir o marketing da Bombril, em 2010. Pensar nisso me fazia acordar com uma vontade gigantesca de fazer acontecer.

Com essa mudança de rota, eu estava me refazendo como profissional, ao mesmo tempo em que a própria Bombril precisava se refazer também. Quantos desafios! Quantas oportunidades de desenvolvimento, sendo relevante! Eu estava muito feliz.

Para a empresa, as mulheres sempre representaram a maioria dos consumidores, e eu precisava mostrar que a empresa evoluiu junto com elas, trazendo ainda mais praticidade e tecnologia. Fizemos pesquisas que confirmaram a nossa urgência de rejuvenescer a marca, para alcançar o perfil feminino contemporâneo e falar também com as filhas das consumidoras fiéis.

Abracei o grande objetivo da empresa de forma intensa, devotada, como se eu fosse o dono. O "casamento" foi tão bom, tão forte, que a química começou a dar muito certo. Eu gerava oportunidades e os resultados vinham.

Fui responsável por uma verdadeira transformação na comunicação e no reposicionamento estratégico de marketing da marca. Tive a ousadia de afastar temporariamente o ator Carlos Moreno dos comerciais, garoto-propaganda da empresa por trinta anos. Corri um sério risco, mas justificado por uma estratégia embasada em pesquisas, não por "achismos".

O lendário personagem Carlinhos cedeu seu espaço a três celebridades admiradas por mulheres de 20 a 40 anos pela sua atitude irreverente: Marisa Orth, Monica Iozzi e Dani Calabresa. O bom humor, característica histórica da comunicação da marca, foi mantido, mas, digamos, com menos ternura e mais provocação saudável.

A campanha "Mulheres Evoluídas" trouxe uma nova linguagem, com repercussão enorme em todas as mídias. Somente na internet rendeu cerca de 30 milhões de comentários aprovando a mensagem bem-humorada, que convocava os homens na limpeza da casa. Também foi a primeira vez que o Conselho Nacional de Autorregulamentação Publicitária (Conar) recebeu reclamações maciças de homens, 400 ao todo.

Adorei ter provocado uma discussão tão necessária, sobre os papéis dos gêneros nos cuidados do lar onde vivem. Tinha a consciência de ter colocado a minha cabeça na guilhotina ao afastar o ícone da comunicação da empresa, pois, se desse errado, eu seria julgado: "Quem mandou afastar o Garoto Bombril?!".

Como deu certo, fui em frente com várias outras ações, como trazer a Ivete Sangalo para nova campanha e reposicionar o Carlinhos na internet, dividindo os diálogos com a Dani Calabresa. Acelerei tanto que me tornei presidente com apenas dois anos de casa – muito mais pelo desafio do que por qualquer outro motivo.

Ganhei clientes relevantes e estive à frente do lançamento de mais de 200 novos produtos, fazendo com que a Bombril estivesse presente em mais de 90% das categorias de higiene e limpeza e se tornasse a maior empresa em solução de limpeza do mundo. Uma linha ecológica, inédita até então, fez parte desse portfólio.

Também recebi vários prêmios que chancelaram todo esse empenho. Em 2014, fui eleito um dos doze jovens executivos de maior sucesso do Brasil pela revista *Forbes*. No mesmo ano, fui reconhecido como um dos 100 brasileiros "que fazem um Brasil melhor", projeto desenvolvido pelo Grupo de Líderes Empresariais (LIDE) e pela Rádio Jovem Pan. Em 2015, fui nomeado pela Academia Brasileira de Marketing (Abramark) para integrar o Hall da Fama do Marketing no Brasil, ao lado de outras 87 feras como Sergio Amado, Roberto Medina e Fernando Chacon.

Agora, sabendo de tudo isso, você acha que se eu me deixasse levar pelo automatismo e seguisse uma carreira linear, fazendo apenas o esperado e aguardando "a grande chance" como se surgisse por sorte ou boa vontade da chefia, teria chegado a CEO com 36 anos em uma empresa de grande porte, nomeado entre os melhores da minha área?

Eu estava no ápice! Até que, em 2015, tive que encarar um dos maiores desafios da minha carreira. Uma crise gigantesca no Brasil elevou o dólar de 2,80 para 4 reais. Uma parte significativa de nossos insumos era importada. A Bombril entrou num processo difícil de ser administrado, já que a empresa tinha que ter um lucro acima dos concorrentes do setor e que conseguisse bancar os problemas herdados do passado. O país estava em colapso com uma política desastrosa sem perspectivas de melhorias. O varejo não aceitava aumento, e as multinacionais se bancavam com dinheiro do exterior. A Bombril tinha que se virar, e rápido, o que me trouxe outro novo desafio, mas esse explicarei somente no próximo capítulo.

Precauções para não cair no automatismo

- Não confunda ser rápido com ser impulsivo. Saiba o *timing* certo de mudar e avance mais.
- Não se subestime em suas autoavaliações. Compare-se com o todo, não só com os ruins.
- Não pule degraus profissionais, deixando *gaps* de conhecimento e experiências úteis que são importantes para você brilhar lá na frente.
- Não se esconda atrás dos desafios menores para evitar os maiores. Eles são oportunidades de acelerar sua rota, e você mostrar que tem capacidade para isso.
- Não aja na base do "achismo". Coloque a cabeça na guilhotina por suas ideias e projetos, embasado em dados, métricas e informações confiáveis.

Aqueles que se diferenciam só pensam em...
fazer 200% de resultado (garantindo os 100% básicos), transformar colegas e clientes em parceiros, tocar projetos mirando mudar o estágio do produto (não só o número de vendas), o patamar da empresa e o seu próprio.

TOME A ÚNICA DECISÃO NECESSÁRIA

Acredite, a única decisão necessária é a de continuar #prafrentesempre. Tenha clareza sobre seus objetivos e confie no seu poder de realização. Nunca pare nem se mantenha em um caminho no qual enxergue limite ou final da linha. Qual é sua meta de vida? Essa resposta lhe dará o verdadeiro norte.

É comum que o ser humano queira que o outro resolva a vida dele. Não dá para terceirizar as resoluções da sua vida. Você precisa fortalecer o seu interior para, depois de responder àqueles "nãos" que abordei no início deste livro, tomar a decisão de sair da mesmice em que se encontra.

Escolha ser o protagonista da sua história! Ao esperar que outra pessoa escolha e faça por você, é possível que ela se sobressaia e ganhe mais espaço e novas oportunidades, pois será mais vista por todos. O medo de assumir o comando pode estar afastando os seus sonhos e impedindo seu desenvolvimento, afinal, "Quem não é visto não é lembrado".

Se você chegou até esta parte do livro é porque tomou consciência da necessidade de retomar o controle de sua própria jornada e quer mudar, mas como fazer isso? É superimportante desenhar o cenário que almeja alcançar, para que realmente possa se ver na situação futura e se preparar. Vale inclusive fazer um pouco o papel de "advogado do diabo", desenhando também outros cenários além daquele que o favorece, pois costumamos apenas pensar que tudo ficará bem, quando é preciso ampliar o horizonte para sentir-se no controle, ter as armas certas caso necessite. Temos que calcular os riscos, não sendo míope ou ingênuo de saltar sem paraquedas.

Quando você toma a decisão de mudar, é importante acreditar num cenário otimista, em que tudo dará certo; entretanto, esteja preparado para que as coisas aconteçam de forma diferente do previsto. Assim, você se frustrará menos e corrigirá a rota muito mais rapidamente.

Saiba quando sair do jogo

Uma das decisões mais importantes da minha vida foi a de renunciar à presidência executiva da Bombril. A companhia passava por um momento de reestruturação necessária, e isso começou a brigar com os meus valores e com a estratégia de posicionamento no mercado que eu defendia. É difícil para um profissional entender quando ocorre essa divergência de pensamento.

Alguma vez já passou pela sua mente o raciocínio "Eu posso ser o problema"? Pois já fiz essa reflexão. Como presidente, me vi assim. Aquele "casamento" do início, quando eu me refazia ao mesmo tempo em que a Bombril, conforme contei no capítulo anterior, perdia o vigor. Meu papel não estava sendo mais relevante para a empresa e vice-versa.

Em uma situação como essa, que atitude eu deveria tomar? A mais nobre era entender que eu não fazia mais parte daquele universo. Se reconheço que não sou a pessoa que pode realizar o que a empresa precisa naquele momento, para quê vou insistir? Só para continuar no cargo? Pelo salário ou poder? Não, pois a minha felicidade e a minha trajetória são mais importantes.

Foram onze meses nesse processo. Com o meu aval, já contávamos com o reforço de uma consultoria especializada em reestruturação. Mesmo assim, eu sinalizava:

— Vamos fazer uma migração definitiva? O meu estilo de gestão não é o que a empresa está precisando neste momento.

Em março de 2016, tomei a decisão de ir embora, passando o comando a um grupo em vez de a uma pessoa. Quando vi que a colaboração da consultoria contratada já estava gerando resultados, concluí que era hora de buscar novos desafios, continuar sendo relevante de outra maneira. Até porque eu estava me martirizando naquela situação, principalmente por causa de valores que me tiravam do caminho que eu desejava seguir.

Entender que você precisa se refazer, afastando-se de um lugar que ama, onde seu sangue pulsa, é um processo doloroso. Nessas situações, a dedicação é tamanha que não dá tempo de perceber que esse sangue não está mais pulsando como antes. Renunciar foi como fazer uma transfusão, extremamente importante e necessária. Entretanto, como em todo procedimento doloroso, mas benéfico, fiz o que deveria ser feito: desconectei-me 100% daquela vivência, disposto a mudar minha rota.

Vale ressaltar que me demiti, pois sabia que tinha algumas oportunidades por causa dos cenários que desenhei. Aqui, toco num ponto importante: quando não vale mais a pena insistir. Sei que muitos se perguntam se pedir demissão seria o mesmo que jogar a toalha: Significa que você fracassou? Talvez o verdadeiro fracasso seja ficar dando murro em ponta de faca, manter-se num emprego, negócio ou projeto que não faz mais sentido para a sua vida.

Uma das maiores demonstrações de profissionalismo é entender quando o seu papel, a sua contribuição, não se encaixa mais no contexto daquela empresa. Acredite, outros negócios podem estar precisando da sua competência, da sua forma de fazer acontecer. Na minha situação, ali deixara de ser bom para mim e para quem me contratou: ir embora era uma decisão que beneficiaria ambos os lados.

Temos de ser humildes para saber sair do jogo quando o time precisa ser fortalecido por outros, então pedi para sair no momento que achei adequado. Logo depois, comecei a ser chamado para novas oportunidades.

Não suba degraus olhando para trás

Cada cenário é uma escada, e a escolha que você faz representa um degrau. É preciso fazer novas escolhas para continuar a subir os degraus. Não existe fim da linha quando o profissional se propõe a desafiar todos os seus limites e buscar novas alternativas de crescer. Desse modo, subirá cada vez mais alto.

O importante é que, se por algum motivo você tiver que recuar, seu olhar e sua mente se mantenham orientados para o futuro, para o que acontecerá adiante, depois que você conseguir a estabilidade ou o respiro de que precisa. Olhar para trás e se prender ao sentimento de que regrediu ou se arrepender e se apegar ao que aconteceu não é bom, pois assim você pode estagnar, titubear, tropeçar. Lembre-se: quem vive de passado é museu.

É preciso olhar adiante para criar, consertar e aprender com aquilo que deu errado. Você não pode dirigir olhando para o retrovisor, concorda? Precisa olhar para o retrovisor somente quando necessário, para se precaver de problemas e, ainda assim, você não vira a cabeça toda para trás, apenas olha de esguelha. Se você fixar o olhar apenas no retrovisor, não verá o que vem pela frente.

Enquanto estiver vivo, respirando, será capaz de ver solução, passagem, alternativa. O impossível não existe a partir do momento em que você se prepara, corre atrás, vai em busca dos seus sonhos e não põe limitações no seu caminho. Antes de tudo, você deve apurar o olhar para ver não barreiras, mas desafios. Isso dá mais força para tomar a decisão de superar qualquer infortúnio. Em todos os lugares onde decidi trabalhar entrei e saí com essa atitude. Nunca parei.

Por isso, digo: se vir algo a consertar, ajuste enquanto caminha. Ficar parado só pensando no que fez de errado, preso aos problemas, pode fazê-lo desistir de atingir sua meta.

Lembre-se sempre de sua meta maior

Avivar sempre sua memória sobre qual é a sua meta ajuda a não se deixar levar pela situação ao ponto de tomar decisões contraditórias. Por exemplo: aceitar ser expatriado sendo que sofre com a distância dos pais e colegas. Isso lhe trará apenas martírio. Mesmo que receba salário em dólar e more numa ótima casa, talvez não gere sequer os resultados esperados pela empresa.

Num outro exemplo, digamos que adoraria não fazer horas extras, mas está focado num projeto inovador de TI que exige muito tempo de dedicação. A recompensa maior está na sua realização, que une muitos aspectos, mas principalmente a realização pessoal. Se tiver que trabalhar fazendo horas extras, mas com objetivo e entregas claras, tendo a satisfação que deseja, acredito que valha a pena. Agora, se esse envolvimento extra atrapalhar de alguma forma a busca da sua felicidade, melhor não insistir. A realização com aquilo que você está fazendo não deve ser sufocada, e evitar isso é sua decisão e sua responsabilidade.

Muitos acreditam que felicidade é ter uma vida mais tranquila, com tempo para a família. A minha visão de felicidade está muito relacionada às realizações em ambos os lados da balança. Ao crescer profissionalmente, sei que estou realizando também o desejo da minha família. Então, trabalho com muito afinco, e, quando entro em casa, a minha entrega à minha esposa e aos meus dois filhos também ocorre no nível máximo, porque sei que a junção da realização profissional com a pessoal vai me aproximando cada vez mais do meu grande objetivo de vida.

Não quero olhar para nenhum dos lados separadamente, portanto, decido conciliar, acreditando que uma família feliz é aquela na qual todos estejam realizados juntos.

Use a crítica para se fortalecer

Assumir o controle e tomar decisões não traz apenas coisas boas. Pode trazer muita crítica e julgamento também. Como não ficar arrasado com isso, com alguém falando que você está cometendo um erro e que não vai conseguir? A crítica é importante para o amadurecimento, desde que você consiga enxergá-la quando se olha no espelho. Para isso, você tem que se desnudar de suas certezas, extrair todo tipo de preconceito e limpar a mente de pensamentos que possam sugerir, por exemplo, tratar-se de perseguição.

Analise a tal crítica friamente. Veio de seu melhor amigo? Muitas vezes, é quem mais pode lhe apontar o que fazer para crescer. Quando você se olha sem a carcaça do "Eu estou certo" e avalia essa crítica, consegue entender que, sim, isso é para o seu desenvolvimento, para o seu amadurecimento.

É óbvio que, se tratando do meio corporativo, há muitas situações que acabam tirando nosso conforto. Existem, por exemplo, pessoas que se incomodam demais com nosso brilho e, às vezes, criticam apenas para nos desestabilizar. É nessa hora que temos de mostrar o quanto somos fortes.

A melhor reação é: ao receber qualquer tipo de crítica, mesmo daqueles (e a gente sabe quem são!) que a fizeram com o intuito de nos desestabilizar, não caia na armadilha de se vitimizar ou discutir. Agradeça, analise o que pode extrair de bom e vá em frente. Como diz um amigo, "O que for desaforo, eu levo pra casa e jogo no lixo".

Se você se olhar no espelho e não enxergar utilidade ou verossimilhança naquilo, continue no caminho estabelecido. O autor da crítica vai pensar no que falou e ainda pode admirá-lo ao constatar que você se mostrou maior, pois responderá com resultados.

Crítica é um ponto que mexe bastante com as emoções das pessoas, principalmente das acostumadas a levar "tapinha nas costas". É gostoso, mas o crescimento só acontece quando a gente "leva na cara". Sabe quem é que realmente diz a verdade, cuidando para não darmos passos em falso, mesmo que doa? Quem nos ama, gosta muito da nossa conduta e torce junto.

Às vezes, esses "anjos" colocados na nossa vida são interpretados erroneamente. Precisamos dar ainda mais valor a eles, pois, quando a gente tem dinheiro, todo mundo só elogia, quando não, muitos nem se aproximam. Entretanto, os amigos verdadeiros são aqueles que, em qualquer situação, mostram a nossa deficiência e se colocam como apoiadores e incentivadores dos nossos projetos.

É essencial ter por perto quem abra nossos olhos. Se muitos casamentos são desfeitos porque as pessoas não conseguem receber crítica nem de quem escolheram para repartir uma vida inteira, imagine se sai da boca de alguém do trabalho, a quem não se deve satisfação? Na maioria das vezes, o cônjuge aponta um problema, uma falha, por querer o nosso bem. Isso também vale para um chefe ou colega; eles podem nos querer bem também.

Recomendo sempre eleger pessoas que nos falariam a verdade independentemente de nossa situação financeira ou nosso *status*. Use seu radar, sua intuição, sua observação e seu coração para identificar quem são esses "anjos". Procure-os para conversar, fale de seus planos com eles, livre do receio de ser traído ou enganado.

Nos meus primeiros anos de carreira, tive uma chefe que foi uma mestre e mentora, Graziela Vitiello. Até hoje, quando tenho que tomar determinadas decisões, pergunto a sua opinião, pois sei que ela quer o meu bem. Prefira gente assim a escutar todos aqueles que se aproximam por interesse, atraídos pelas suas conquistas, posição social e influência.

Quanto mais o profissional deslancha, mais sozinho fica. A solidão caminha junto com o crescimento profissional. Nessa trajetória, ter pessoas especiais para trocar ideias ou fazer *coaching* minimiza essa solidão.

A realidade é que, quanto mais você sobe, mais companhias você atrai e, na maioria das vezes, não são as que vão falar aquilo que você precisa escutar. Elas vão falar aquilo que é bom para elas ou coisas para lhe agradar.

Alivie mágoas com transparência

Acontece ainda de a pessoa titubear numa decisão por receio de magoar o outro com quem estabeleceu amizade. Pode ser um colega, chefe ou cliente. A necessidade que o brasileiro tem de ser querido atrapalha as decisões, mas não podemos misturar as coisas. A decisão profissional é álibi para isentar o lado pessoal de qualquer abalo.

Nunca tive problemas com isso, mesmo tendo que demitir ou abrir mão de vários profissionais. Assim como sempre também falei verdades àqueles com quem havia estabelecido um relacionamento de amizade. Por quê? Porque eu me fazia entender da forma correta e para o bem geral.

Quando você, no dia a dia, transmite a sua verdade, consegue colocar quais são as práticas que aprova conforme as necessidades do negócio, as pessoas lhe entendem e não se magoam. Elas reconhecem que as decisões tinham de ser tomadas em prol de um resultado da empresa.

Posso dar este exemplo: eu tinha muito respeito e admiração profissional por uma funcionária, que gerou ótimas oportunidades para a equipe. Até que a empresa precisou passar por uma reestruturação, e o cargo dela foi eliminado. Mesmo sendo uma decisão difícil, eu tive de abrir mão dela.

— Marcos, você fez a coisa certa. A Bombril não precisa de mim nesse momento — disse, consciente de que não havia nada de pessoal ou injusto na minha postura.

Ficar protelando algumas medidas duras como essa só piora o quadro (para quem sai e para quem fica). Por isso é tão importante que um líder pontue diariamente a situação da equipe, da empresa, do mercado. Explique como está agindo e qual é a meta. Dessa forma, se precisar tomar a atitude de diminuir o time, será melhor assimilada.

No fundo, isso é adotar a política da transparência. Por mais que o outro fique triste de deixar aquele local de trabalho e as pessoas com quem criou vínculo, vai entender que a sua decisão teve justificativa. Ele conheceu a sua seriedade profissional e sabe que você está comprometido, sobretudo, com a entrega dos resultados. Chega de melindres!!!

Quando faço palestras para movimentos católicos ou de outras religiões, as pessoas revelam dificuldade para lidar com essa questão. Oriento que, se a empresa está bem, vamos continuar, se não, o resultado será nosso guia. Não podemos sentir culpa por ajustar o quadro de funcionários para o negócio ficar de pé.

Portanto, não fique preso aos melindres se estiver no papel de diminuir o quadro de funcionários. Seja extremamente profissional, porque isso vai torná-lo mais forte e reconhecidamente competente. O processo de demissão é sempre dolorido. Você precisa tratar as pessoas com todo carinho, sim, mas a vida é feita de ciclos, e os bons sempre partem para oportunidades melhores.

Reúna outras forças além de informação

No início deste livro, alertei sobre o mau hábito de ficar com a decisão no colo. Estudar "cirurgicamente" a situação facilita, mas é uma questão muito mais de atitude. Tem gente que, mesmo com as informações corretas na mão, fica com melindres, sem pensar que o barco pode afundar. É extremamente importante não fugir dessa responsabilidade, não só para buscar os resultados de que a empresa precisa, como para fortalecer seu nome e posicionamento. Você deve ser visto como um profissional que sabe aonde quer chegar. A força da sua imagem para o grupo é medida pela dimensão das decisões que toma. Se você consegue fazer o negócio caminhar para frente, sua carreira vai junto.

Se fôssemos todos *chefs* de cozinha, quais ingredientes precisaríamos reunir, além de informação, para ter essa força? Quanto de coragem e quanto de segurança? Nem sempre, com as informações na mão, é seguro tomar uma decisão. Fazer uma pesquisa qualitativa lhe dará um direcionamento, mas não a certeza do acerto.

> A pesquisa qualitativa MELHORA o cenário,
> mas não soluciona POR você.
> Toda e qualquer decisão implica risco.

Se você não tiver a atitude de buscar desafios e assumir riscos, vai falhar nas horas de maior necessidade. O que acontece depois? Você acaba atrapalhando toda a dinâmica de condução das estratégias da empresa porque só sabe tomar decisões compartilhadas, e nem sempre isso é possível.

Quem não arrisca colocar a cabeça na guilhotina não se destaca, e ainda passa pela vergonha de receber ordem vinda de cima, de seus superiores, indicando o que tem de fazer. Portanto, é essencial desenvolver essa habilidade para ser percebido como uma pessoa que soluciona problemas que a maioria não sabe como enfrentar.

Porém, cuidado. Isso não significa que você tem de ir contra a maioria. Tem de ir a favor do que acredita ser a melhor solução, com base naquilo que conhece e no que está vivendo. É pretensão achar que há certeza absoluta. O que precisa é acreditar na sua opção, defendê-la com argumentos plausíveis e seguir em frente.

Se perceber que errou, volte e corrija, mas não se arrependa por ter se posicionado. A equipe deve entender que a carta final é de quem lidera e que, mesmo aqueles que tomariam outra decisão, se estivessem no seu lugar, vão acatar a sua por saberem que você vai bancá-la.

Isso exige assertividade e autoconfiança, porque, em tempos de crise, é mais fácil encontrar pessoas que preferem ficar em cima do muro, sobre o problema, em vez de dar a cara para bater e encontrar a solução. O receio de errar e perder a posição faz com que demorem a tomar decisões. Essas pessoas costumam esperar que mais gente tenha a mesma opinião para, então, agir.

Nem sempre você dispõe de tempo ou necessidade de buscar a aceitação da maioria. Quem é "o cara" vai se guiar por aquilo que está enxergando e em que acredita. Se der certo, colherá credibilidade e reconhecimento muito maior, afinal, teve visão, foi veloz e agarrou a oportunidade como um falcão. No entanto, se der errado, tem que aprender. O que não pode ocorrer é não se decidir.

Prepare também sua família

Existem decisões relacionadas ao time e às estratégias da empresa, e outras que são particulares, como a minha decisão de sair da Bombril e de mudar da General Mills para a nacional Bertin. Estava em um cargo regional cuidando de inovações para o México e o Brasil, mas me reportando para Miami. Quem me fez a proposta para sair da Bertin foi meu ex-presidente na General Mills, que tinha ido para Bertin. Acabei aceitando, mesmo a General Mills me oferecendo mudança para Mineápolis, nos Estados Unidos. Recusei para ser diretor no Brasil. Nunca sonhei em fazer carreira fora.

Quando se trata de uma decisão sobre a carreira, finalizo este capítulo chamando atenção para o seguinte: a decisão é sua, mas lembre-se de que envolverá outras pessoas, principalmente se você tem filhos e um relacionamento amoroso. Portanto, você precisa prepará-los para as consequências. As coisas podem ou não sair do jeito que imaginou ao estudar seus próximos passos. Repare que giramos 360° no assunto das decisões até o ponto do início deste capítulo, quando abordo a importância dos cenários.

Para tomar atitudes com responsabilidade, pare e analise todas as possibilidades. Questione-se ao máximo para tê-las bem desenhadas, pois isso facilitará reverter ou adaptar algo – a fim de enxergar sempre uma nova solução frente ao que ainda vai acontecer. Mas, quando decidir, vá em frente!

Aspectos importantes para tomar decisões melhores

Primeiro aspecto: tenha embasamento. Quanto mais informações de direcionamento você tiver, melhor será sua decisão. Não esqueça de olhar decisões parecidas e que deram errado no passado. Entenda que é o momento certo de também melhorar em relação a isso. Tem sempre aquela turma do "Não vai dar certo", "Fulano já tentou e não funcionou". Para isso, respondo: "Não deu certo com ele, comigo vai dar!". Você tem de ser protagonista da sua decisão.

Segundo aspecto: foque no resultado "doa a quem doer". Não tenha medo de fazer o que precisa ser feito. As pessoas não tomam certas decisões porque têm mais medo do que os outros vão pensar. Estão mais preocupadas com a opinião alheia do que com resultados. É o resultado que lhe posiciona, que lhe faz ser reconhecido, é o que lhe sustenta, porque você agiu a favor do que a empresa precisava.

Terceiro aspecto: desenhe os cenários, inclusive aquele que você acredita ser possível como resultado da decisão que vai tomar. Também desenhe outras opções, porque, assim, você se frustra menos e tem a possibilidade de retomar o processo ou fazer diferente com maior agilidade do que se não tivesse desenhado um cenário fora do seu controle. Isso vai prepará-lo para imprevistos e o ajudará a construir um plano com mais chances de eficiência.

7

PROMOVA PROJETOS DE CRESCIMENTO

Aplique uma visão de crescimento em seus projetos e ideias. Para isso, é preciso enxergar como melhorar o que já existe criando diferenciais competitivos. Não há ninguém melhor para indicar os caminhos do que quem vai pagar por isso. É assim que estou levando pra frente o que eu já aplicava com sucesso em empresas grandes, então, por que não poderia oferecer essa mesma visão a empresas menores?

Neste capítulo, vou detalhar por que escolhi trabalhar promovendo projetos de crescimento e por que considero essa visão tão importante em seus desafios.

Imersos no dia a dia da nossa empresa, acabamos não enxergando com facilidade alguns pontos que poderiam ser nossos diferenciais, pois estamos sempre com a cabeça cheia, ficamos presos na rotina e criamos vícios comportamentais. Na verdade, é muito comum a maioria dos profissionais viverem apagando incêndios sem ter tempo para parar e pensar estrategicamente. Nesse sentido, poder contar com um especialista externo, capaz de potencializar as vendas de uma maneira concreta e comprovável, faz a diferença.

Ao longo da minha trajetória no marketing de varejo, já vendi massas, iogurte, carne, sorvete, esponja de aço, detergente... e sempre potencializei as vendas por saber que eu cresceria na carreira se tivesse espírito comercial. Isso faz meu sangue pulsar por resultados. Infelizmente, essa visão de ser comercial, independentemente da área em que se atue, falta a muitas equipes das empresas de varejo e também de outros tipos de negócio. Quem é da área financeira, administrativa, ou do RH, também precisa ter espírito comercial. Qualquer empresa deve fazer com que todos os funcionários ajam assim e pensem, sobretudo, no faturamento e nos resultados!

Como enxergo as oportunidades sem dissociar marketing de vendas, desejo mostrar a mais e mais profissionais quão poderosa é essa união, para que tragam resultados com mais facilidade e consistência. Quanto antes incorporarem em sua rotina diária que vendas e marketing não são departamentos isolados, mais crescerão na hierarquia junto ao faturamento do negócio.

Apresente-se a quem quer crescer

Quando eu palestrava como alto executivo da Bombril, percebia que os profissionais das pequenas e médias empresas adoravam as estratégias de varejo que eu contava. Ao final das minhas apresentações, sempre perguntavam se eu poderia ajudá-los.

Fui constatando essa necessidade no mercado, e o meu conhecimento, vivência e empenho em ser relevante me gabaritavam a colaborar com uma gama enorme de empresas no seu planejamento estratégico de marketing, de forma a potencializar significativamente a sua área comercial.

Entendi que ali residia uma oportunidade, pois as pequenas e médias empresas não têm um departamento de marketing estruturado e não conseguem visualizar que o determinador do direcionamento comercial da empresa é o departamento de marketing.

Empresa sem estratégia de marketing é empresa sem rumo. Além disso, acredito que qualquer empresa de produto ou serviço precisa trabalhar sua marca de modo a criar um vínculo emocional com seus consumidores. Apenas a entrega técnica não é o bastante.

Esse cenário me levou à importante decisão de empreender, mesmo sendo chamado por vários fundos de investimento privado (*private equity*) para dirigir algumas de suas empresas. Pela minha experiência, eu teria condições de assumir qualquer uma que precisasse se refazer. Porém, naquele momento pós-presidência da Bombril, fiz a seguinte reflexão: O que é mais importante na minha vida? Assim, consegui a resposta: a trajetória que eu construí.

Meu objetivo de vida é ser feliz, então, preciso dar continuidade a essa trajetória de destaque para alcançá-lo. Na época, poderia ir para outra empresa em expansão? Sim, mas a dor que passei, que me fez renunciar no ápice da carreira executiva, me gerou uma grande vontade de mudar de ares.

Foi uma decisão particular, só minha, mas não é algo que recomendo a todos. Cada um precisa definir qual o melhor momento para dar passos grandes como esse. A minha mudança de ares tinha como base a estratégia de deixar meu nome cada vez mais fortalecido como *potencializador de negócios*, criando uma referência ainda mais forte para o meu futuro. Naquele momento, a melhor forma de alcançar isso seria montando uma empresa própria.

Era uma decisão mais arriscada do que estar bem empregado? Sim. Porém, acreditei que tudo aquilo que criei e obtive de experiência até o momento justificava os riscos. A minha trajetória me fortalecia o suficiente para apostar numa mudança brusca de atividade, independentemente de estar ou não num caminho convencional.

Eu tinha essa força comigo, endossada pela *coach* que a Bombril disponibilizou para me auxiliar naquele novo momento. Ela me disse:

— Seu sonho é deixar seu nome mais fortalecido no mercado, tendo a possibilidade de controlar seu tempo. Sabe quantas pessoas na sua posição conseguiriam se dar ao luxo de criar o próprio negócio para explorar esses objetivos? Dá para contar nos dedos. Entretanto, no seu caso, você só precisa ir em frente. Vai deixar esse momento passar?

Naquele instante pensei: "Ela tem razão". Você sabe por que ela disse que dá para contar nos dedos? Porque as pessoas se balizam pela questão financeira. A maioria precisa arranjar rapidamente um novo emprego, não tendo um capital guardado para arriscar empreender. Há também aquelas pessoas que não acreditam no seu potencial de construir algo de forma muito diferente daquilo que fizeram até então.

Eu tinha acabado de sofrer um baque na Bombril. Insisti por onze meses sendo fiel ao máximo àquele lugar, me perguntando se não deveria ter saído antes. Por outro lado, não me arrependo, pois sei que esgotei todas as possibilidades. Criei uma história ali de muito protagonismo.

Naquela circunstância, o passo mais previsível seria agarrar a chance oferecida por algum fundo de investimento privado para continuar no universo corporativo. No entanto, concluí que, se aceitasse dirigir outra empresa, seria como entrar em uma nova zona de conforto, por ser algo que eu faço muito bem. Então, falei a mim mesmo em frente ao espelho: "Quer saber? Vou tentar trilhar a minha vida profissional tirando-a da rota linear de novo, só que dessa vez caminhando com as minhas próprias pernas".

Monte um portfólio de atividades que "conversam"

Depois de tudo que vivi, por que não poderia agregar valor a várias empresas em vez de apenas a uma? Aí eu criei a SCALDELAI Projetos de Crescimento. É um trabalho de consultoria, mas evito usar essa denominação por perceber que há distorções no mercado a respeito desse importante trabalho de apoio.

Quando o CEO fala que está chamando um consultor na empresa, parece que ele vai fazer um rearranjo geral. Leia-se: demitir em massa. Não compartilho dessa postura. Além disso, muitos gestores, num determinado momento de sua carreira, viram consultores, com condutas diversas. A realidade é que nem todos têm o devido preparo ou talento para essa atividade, o que pode prejudicar a imagem dos demais.

Infelizmente, está cristalizada na cabeça das pessoas a imagem de que um consultor entra nas empresas para dar palpites, descobrir os pontos fracos, solucionar problemas que os internos não conseguiram dar conta e reestruturar, fazendo, principalmente, cortes de pessoal e de ferramentas de trabalho. Há muita resistência por parte dos funcionários, que pensam "Esse cara quer mostrar que sabe mais da nossa empresa do que nós".

Sendo assim, eu me posiciono às pequenas e médias empresas como um experiente gestor que é especialista em projetos de crescimento. As grandes possuem departamentos internos para isso, então não costumam contratar no mercado esse tipo de serviço.

No portfólio da minha nova empresa, consegui encaixar a minha felicidade de estar no palco. Realizar palestras e apresentar os eventos do LIDE, em São José do Rio Preto, eleva a minha visibilidade e atrai a contratação para projetos, gerando ainda mais oportunidades. É como um círculo virtuoso produtivo.

Aqui deixo um alerta. Quando você decide se refazer, tome cuidado para não sair atirando para todos os lados e ficar perdido em meio a várias alternativas distintas. Lembre-se de um conselho bastante comum: tenha plano B na vida. Ora, quem escolhe como meta principal ser feliz e segue firme para atingi-la corre o risco de dividir sua força e focar em outras.

Além disso, não deveria haver alternativa a ser feliz, concorda? Eu preferi não ter plano B, optei por um AAA, montando um portfólio de ações e atividades que "conversam" umas com as outras, que se complementam e ajudam a fortalecer o todo.

Se eu montasse, por exemplo, um braço de treinamentos corporativos, outro de franquias para administrar, outro de consultoria em marketing e mais um de representação comercial de azeites especiais, ficaria enlouquecido. Não seria coerente com a minha definição de sucesso, que envolve estar em destaque e ser relevante para o outro.

Ser palestrante e partilhar a minha história e aprendizados, por sua vez, fazia parte dessa nova fase, e isso me rendeu contatos para realizar projetos de crescimento. É preciso buscar essa sinergia de atividades profissionais, assim como estar perto de quem torce pelo seu sucesso.

Quando montei a minha empresa, quis me cercar de gente valorosa no mercado e da minha confiança, que queria o meu bem e que apostava no meu novo caminho de trabalho. Não contratei de qualquer jeito, pensando nessa formação de equipe como despesa, mas sim como investimento. Afinal, eu teria que me arriscar ainda mais.

Montei meu escritório num bairro de fácil acesso e boa estrutura tecnológica, sem me preocupar em ostentar. Em outras palavras, não tinha a menor necessidade de me instalar no endereço mais caro da cidade.

O que desejo mostrar aos outros são os resultados do meu trabalho, do meu esforço. Tudo o que faço é para dar bons frutos – a mim e a todos os envolvidos. O importante é agir como líder, estando ou não num cargo hierárquico. Dessa forma, continuo sendo reconhecido como referência tanto para pessoas físicas quanto jurídicas que queiram crescer.

Ganhe mais clientes pela emoção

Minha experiência me ensinou que toda venda é potencializada quando se cria um vínculo emocional entre o produto e o cliente, com todos os argumentos de diferenciação e os ajustes necessários (na embalagem, por exemplo), o que gera novas oportunidades. Esse é o meu papel, a minha força na hora de vender meu nome.

Mesmo empresas que não nasceram com o extraordinário DNA emocional da Disney ou da Apple têm total condição de desenvolver esse tipo de conexão e transformar a compra em experiência. Não por acaso, um estudo do Instituto Ipsos, apresentado com exclusividade no fórum de varejo Brazilian Retail Week 2018, reforçou a importância de as marcas estabelecerem uma relação emocional com seus clientes.[3]

Segundo essa pesquisa, o varejo nacional vem se debruçando sobre formas inovadoras de tornar os clientes mais conectados com cada empresa, e a recomendação de produtos e serviços é 36% maior para os consumidores engajados. Entre os setores brasileiros avaliados pelo Ipsos, o de supermercados possui a maior proporção de engajados emocionalmente (34%), superando a dos clientes de bancos e de telefonia móvel.

Procuro criar uma conexão emocional com o time que trabalha para os clientes que me contratam e mostrar quanto vale a pena que eles criem esse tipo de conexão com os deles também. Mostro às pessoas que trabalham ali dentro que cheguei para:

- Potencializar o que elas já estavam fazendo;
- Organizar toda a parte conceitual e estratégica de marketing para acelerar o crescimento;
- Ser um aliado, um facilitador, um ampliador de horizontes;
- Ser alguém que pode até mesmo expressar aos dirigentes pontos que os funcionários gostariam que mudassem. Várias vezes

---

3. Em novo estudo, Ipsos avalia a importância da relação emocional do cliente com a marca. Disponível em: <www.brweek.com.br/2018/06/13/em-novo-estudo-ipsos-avalia-importancia-da-relacao-emocional-cliente-com-marca>. Acesso em: 31 ago. 2018.

escutei "Que bom que você está dizendo isso, pois nós já falamos disso e nada aconteceu".

Entro nas empresas para criar algo que realmente possa surpreender e gerar novas oportunidades a todos os envolvidos. Trabalhar com projetos de crescimento é um desafio gostoso, procuro engajá-los, levando-os a trabalhar pelo mesmo objetivo, que é buscar as grandes oportunidades de crescer. É essa postura que eu recomendo que você também desenvolva.

O foco não é ajustar resultado apontando problemas e, muito menos, culpados. É desenvolver projetos de crescimento baseados em toda a estruturação das estratégias de marketing que impulsionam a área comercial do negócio em que você está atuando. Isso exige estimular aqueles que estão comprometidos com o resultado a fazer diferente. Por isso, conseguimos juntos explorar novas oportunidades.

Ouça quem vai pagar pela sua ideia

O criador de uma marca tende a pôr tantos vieses inconscientes sobre ela que se esquece de que o consumidor precisa entender o que ele quer fazer e está querendo dizer. Principalmente se esse profissional quer administrar tudo sem sair do ar-condicionado do escritório.

Nesse momento é que chamo a atenção desse profissional, colocando pontos importantes para a criação de um produto, lembrando que quem precisa querer pagar pela sua ideia, em primeiro lugar, é o comprador. Pensando no varejo, se o comprador das redes de supermercados ou de lojas não quiser nem conhecer seu produto, esta será a primeira barreira para que se chegue ao consumidor.

Para despertar o interesse de um comprador, você tem de argumentar muito bem por que o consumidor terá vontade de adquirir o seu produto. Isso é óbvio, mas muitas pessoas se esquecem.

Há muitos pontos importantes envolvidos na decisão de lançar um produto, considerando as devidas particularidades. Meu objetivo é criar conexão emocional montando a melhor estratégia de marketing, sustentada pela essência e arquitetura (estrutura) da marca. Com esse "mapa", a equipe comercial encontrará os caminhos para potencializar as vendas, gerando novas oportunidades no mercado.

Apesar de abordar o produto, tudo que compartilho neste capítulo é cabível para quem vende algum serviço. Valem os mesmos argumentos e forma de trabalhar. O importante é querer fazer diferente para se destacar e deixar de ser "mais um".

Passos básicos para um projeto de crescimento

1. Diagnosticar o problema. Para isso, é necessário mapear a concorrência e conversar com o público-alvo a fim de levantar todos os pontos que estão deficientes e as melhorias esperadas.
2. Com base nas avaliações, montar a essência e a arquitetura da marca, para descobrir o diferencial competitivo. Como essa marca vai se diferenciar dos concorrentes e criar relevância?
3. Capitalizar esse diferencial, traçando a estratégia de marketing que dará o direcionamento correto ao comercial, para que potencialize os resultados.

Modelo mental de um construtor de projetos de crescimento

- Não se deve pensar que é o dinheiro que faz a diferença no crescimento de uma marca. Você pode ter o dinheiro que for, mas, se não entregar um diferencial competitivo que o consumidor compreenda e valorize, não vai adiantar nada. O valor da empresa está em quanto consegue ser diferente dos concorrentes no seu posicionamento, naquilo que vende, nos meios utilizados para se comunicar, nas causas que defende (e como faz isso), ou seja, o quanto ela consegue construir sua relevância;

- O que faz acelerar o crescimento é pensar "fora da caixa", enquanto outros torram fortunas repetindo as velhas práticas ou copiando quem inovou. Inovar e se diferenciar é um ótimo caminho para criar relevância para a empresa e para o seu nome. Você vai associando os projetos de crescimento das empresas e vai crescendo como profissional;
- É essencial desapegar-se dos próprios vieses e crenças limitantes. Pode ocorrer muita dificuldade em abrir mão daquela ideia inicial que se teve. Quem pensa em projeto de crescimento tem que enxergar um oceano azul e não estar preso a melindres e uma identidade pré-definida. A partir disso, conseguimos construir ou desconstruir para reconstruir de uma forma muito melhor.

Como analisar um projeto e encontrar caminhos para crescimento

Não faz muito tempo, fui convidado a participar do programa *Pequenas Empresas & Grandes Negócios*, da Rede Globo. O tema era a dificuldade que muitos empreendedores enfrentam de colocar seu produto nas prateleiras dos supermercados. O repórter iniciou o programa mostrando um suco de uva que estava lançando – sua foto, inclusive, constava no rótulo.

Uvarini era um produto fictício, criado apenas para eu analisá-lo durante a reportagem, com o intuito de mostrar os erros e acertos na hora de colocar um produto à venda no varejo. Ao avaliar por que estava há dias num supermercado sem que vendesse nenhuma unidade, fui direto:

— Você realmente queria vender este produto? É de uva, mas tem o rótulo laranja. E o que significa a sua foto? Qual história ela passa ao consumidor? Falta um conceito por trás. A ilustração da fruta parece artificial demais para quem está vendendo a ideia de ser 100% natural.

Lembra-se do que eu disse sobre encantar o comprador? Se não vende, o ponto de venda não compra, e quanto maior a concorrência de produtos, maior a necessidade de se destacar.

Para ser diferente, o conceito tem de ser atrativo. Vemos um batalhão de marcas no mercado que investem bastante – ainda mais em tempos de crise, convidativos às consolidações pelos grandes grupos. Portanto, o empreendedor precisa criar algo que chame bastante atenção do seu consumidor com uma história, embalagem, garoto-propaganda carismático, seja lá o que for.

O ponto de venda sabe disso e exige diferenciação. No caso do supermercado, é como se falasse "A gôndola não é elástica". Daniel, criador do suco funcional Life Mix, sabe bem disso. Lançou um suco natural com nutrientes que faltam na nossa alimentação diária, como fibras e vitaminas, e comprovou o quanto ter um produto diferenciado e de qualidade resulta em uma margem de lucro maior, comparado aos sucos tradicionais e mais açucarados, com corantes e conservantes. Hoje, seus produtos estão em mais de 2 mil pontos de venda no Brasil e exterior.

Vale a pena contratar profissionais que conhecem bem o mercado para fazer o produto chegar aos compradores certos. Há especialistas em grande varejo, em médio varejo, que podem ser funcionários fixos ou terceirizados – como os representantes. Esses caras já estão no mercado, conhecem os caminhos, e são necessários para quem quer ganhar agilidade.

Para conquistar espaço no varejo, vale ainda montar um bom plano de divulgação, com promotores de vendas e degustações, e apresentar propostas diferentes. No meu segundo livro, expliquei algumas técnicas como *cross merchandising* (por exemplo, aproximar macarrão e molho de tomate, ou seja, a mesma ocasião de consumo, já que o consumidor que compra um item geralmente quer o outro).

Outra dica que dei no *Pequenas Empresas & Grandes Negócios*: conquiste visibilidade com boas negociações. Se conseguir que seu produto fique na prateleira que está na altura dos olhos das pessoas, e não perto do chão, venderá mais. Se estiver numa esquina, melhor ainda. Fantástico mesmo é se tiver uma gôndola exclusiva.

Depois dessa aula de varejo, o repórter seguiu meus conselhos de mudar o rótulo e o nome de seu suco de uva, que virou Vitarini, para permitir no futuro produzir sucos de outras frutas – são detalhes que as pessoas acabam não pensando e que podem limitar, inclusive, a expansão do negócio.

Lembre-se sempre: é perigoso quando o criador se fixa na ideia inicial – como colocar a própria foto no suco. Às vezes, o dono acaba indo muito pela emoção, apaixonando-se pelo próprio produto, e deixa a razão de lado. É preciso um trabalho técnico por trás, depois de entender que o foco é o desejo do cliente.

A seguir apresentarei dois *cases*, um de produto e outro de serviço, que exemplificam bem como analiso um projeto e encontro caminhos para crescimento.

Life Mix: nova identidade para uma linha de sucos funcionais

Fechei com meu primeiro cliente após a indicação de uma pessoa que me entrevistou por meio de uma empresa de recrutamento. Ao ouvir a minha história, comentou:

— Nossa, eu tenho um amigo que ia gostar muito de conhecê-lo.

Ele estava se referindo a Daniel Feferbaum, que tem a ciência no DNA de sua empresa, a WNutritional. Logo de início já fiquei animado com seu propósito de promover saúde – o pai dele era um nutrólogo renomado no Brasil. Daniel fez vários estudos e constatou que, na nossa alimentação diária, não conseguimos absorver alguns nutrientes necessários ao bom funcionamento do organismo. Então, criou em 2014 uma marca de sucos funcionais que pudesse nos prover nutrientes como ácido fólico, vitaminas, cálcio, fibras...

Fomos devidamente apresentados, e ele me contou quais seriam os meus desafios: entender a percepção do consumidor em relação à marca e aos sucos funcionais, criar um novo posicionamento da marca, recomendar um *mix* de marketing – também estavam inclusos a essência e a arquitetura da marca, os pilares, entre vários outros detalhes. Embora o projeto existisse fazia alguns anos, ainda não alcançara a *performance* desejada em cadastramento e giro nas vendas.

O primeiro passo para qualquer trabalho que assumo é ouvir os consumidores, a fim de definir o público-alvo correto. O dono tinha um entendimento de qual seria o público dele; enquanto eu, alguns questionamentos. Uma pesquisa qualitativa nos deu a dimensão da força desse segmento.

Então, fiz todo o trabalho de bastidor para reposicionar o produto, entendendo com quais marcas concorreria lá na ponta e com quais empresas competiria nas negociações com os compradores, a fim de avaliar a dinâmica de seu mercado.

Como há muitos termos técnicos na fórmula, senti necessidade também de entender qual a relevância disso para os consumidores. Para isso, fiz um pré-trabalho com dez nutricionistas, que me falaram da importância dos nutrientes e como são vistos pela sociedade. Daí, fui para a pesquisa tendo tudo isso mapeado para validar com as pessoas.

Percebemos que todo o direcionamento de benefícios criado tinha seu valor, mas não se refletia no nome (Luminus Life) nem na embalagem do produto. Ou seja, o mercado desejava comprar o conceito de saúde e bem-estar, mas não o identificava na apresentação da linha de sucos. O produto parecia mais um remédio do que uma bebida gostosa para estar nas refeições e na lancheira das crianças.

Como de costume, convidei o dono a acompanhar de perto a fase da pesquisa, para ter mais segurança sobre as alterações que viriam em decorrência das informações passadas não por mim, mas pelos próprios consumidores. Ele concordou que valia a pena trocar completamente a identidade do produto, a fim de fortalecer os argumentos racionais (a qualidade, por exemplo) e emocionais (como o desejo dos pais de cuidar da saúde familiar) que levaríamos para o mercado e, assim, garantir o giro lá na ponta, nas gôndolas.

Nós realmente transformamos o produto, que passou a se chamar Life Mix.

Convidei Daniel Feferbaum, CEO da WNutritional, para dar seu depoimento:

"Estávamos num momento de tomar uma importante decisão na empresa, e ela teria um grande impacto em toda nossa linha de produtos. Porém, não estávamos seguros sobre qual caminho seguir. Foi nessa época que conheci o Marcos, por meio de um de nossos conselheiros.

"Desde nossa primeira conversa, tivemos grande empatia. Fiquei muito impressionado com a trajetória que ele percorreu em tão pouco tempo. Foi então que apresentei nosso problema, e ele começou a nos ajudar.

"Marcos sugeriu que fizéssemos uma pesquisa de mercado. Após avaliarmos os resultados, tomamos a decisão de mudar o nome e a embalagem de nossos produtos. Assim, começaríamos praticamente do zero todo o desenvolvimento da marca que já tínhamos feito até então.

Ele nos ajudou no posicionamento e nos auxiliou em todo o caminho do redesenho de marca e da embalagem.

"Sua experiência contribuiu muito para que o processo de mudança fosse o mais tranquilo possível e para o sucesso atual de nossa linha de produtos. Menos de quatro meses após a implementação, crescemos nosso faturamento em 400% em relação à marca e a embalagem anteriores."

Safe Care: maior relevância entre as seguradoras de benefícios

Fui procurado pela sócia-proprietária da corretora de seguros Safe Group, Katia de Boer, depois que ela assistiu à minha palestra para o Centro das Indústrias de São Paulo (Ciesp) em São Bernardo do Campo, na Grande São Paulo. Fundada há 15 anos, essa empresa liderava no segmento náutico, mas podia potencializar muito mais seus resultados. Tinha especial interesse em impulsionar sua divisão Safe Care, especializada em administração e consultoria para a área de benefícios.

O objetivo era preparar a empresa para futuras gerações, diminuindo o grau de dependência do relacionamento das duas irmãs fundadoras com os clientes para obter resultados. Eu tinha o desafio de tirar esse peso dos ombros delas e tornar a marca referência em todos os segmentos de atuação, principalmente fazendo parte da lista de empresas selecionadas para cotação.

Até então, o sucesso vinha principalmente pela capacidade da Katia de garimpar empresas potenciais e procurar saber de qual suporte de benefícios necessitavam. Como sempre começo um projeto de crescimento com pesquisa, conversamos com mais de vinte diretores de recursos humanos, para entender quais pontos importantes buscam numa corretora e quais a Safe Care poderia desenvolver para que passasse a ser percebida e cotada.

Com base na pesquisa de campo, montamos a essência e a arquitetura da marca, as estratégias de marketing e de comunicação e, acima de tudo, qual seria o grande diferencial competitivo. Sem definir corretamente esse último, toda a construção de marca fica frágil, e ele deve conter um argumento emocional, além do racional. Não abro mão disso.

Encontrando o diferencial competitivo, vem a pergunta: Como potencializá-lo para elevar as vendas? Em resposta, criamos o evento trimestral HR First Class como o eixo de uma plataforma de relacionamento qualificado, que reúne 200 diretores da área de RH na região do ABC paulista, onde a Safe Care atua fortemente.

O intuito é agregar conhecimento com conteúdo relevante e exclusivo, trocar experiências, favorecer *networking*, gerar impacto positivo e consistente no meio, entre outros benefícios. Tudo isso com um investimento acessível, pois a empresa receberia o apoio de patrocinadores escolhidos a dedo e interessados no mesmo público.

Lembra quando eu disse que devemos transformar clientes em parceiros? Não dava para ficar batendo de porta em porta para criar um relacionamento, tampouco havia verba para anunciar com impacto em revistas e jornais de negócios lidos pelos gestores de RH. Com o evento, a aproximação trouxe frutos para todos. Aos encontros, levamos palestrantes com conteúdo que contribuem para empoderar profissionais do setor.

Na pesquisa, ficou visível que, com a crise, um dos cargos mais eliminados ou "desidratados" foi o de diretor de RH. Uma das grandes lutas é a de mostrar aos CEOs que esse setor é estratégico, e não apenas uma área que guarda resquício do departamento pessoal do passado.

De fato, quando acionamos as empresas mais relevantes do ABC para convidar seu diretor de RH, menos de 15% delas tinham um. Nos outros casos, havia somente a posição de gerente, ou então as funções relativas ao cargo eram demandadas ao diretor de suprimentos, diretor administrativo, diretor financeiro...

Ali havia a oportunidade de montar uma plataforma para resgatar o posicionamento estratégico do RH, munindo os líderes de informações que pudessem levar para reuniões de diretoria e para a mesa do CEO. Isso fez com que a Safe Care passasse a ser vista como algo a mais, uma corretora diferente que agrega valor ao trabalho de seus *prospects*.

Se vai resultar em venda ou não, é consequência. O mais importante era vencer o desafio de fazer com que a Safe Care fosse chamada, fosse percebida. O que mais escutei durante esse projeto foi: "Marcos, você abriu nossos olhos".

Convidei Katia de Boer, sócia e diretora comercial da Safe Care, para dar seu depoimento:

"A Safe Care é totalmente voltada para benefícios na área de saúde. Nasceu a partir do nosso sucesso com seguro náutico, quando decidimos abrir o leque de serviços e montar o grupo. Queríamos descobrir com o Marcos o que melhorar na operação, a fim de posicionar a nossa empresa entre as cinco mais cotadas pelas grandes empresas.

"Entre as ações sugeridas, iniciamos o projeto HR First Class, inspirado no formato do LIDE e direcionado exclusivamente aos líderes de RH do polo industrial do ABC, região paulista que carecia de uma corretora que propusesse algo diferenciado. A pesquisa prévia foi essencial para enxergarmos em quais pontos estávamos agindo corretamente e em quais teríamos que nos aprimorar. Descobrimos, por exemplo, que precisávamos melhorar a comunicação da negociação no âmbito corporativo. Quando o assunto era patrimônio pessoal, nos comunicávamos muito bem por dominar as estratégias de venda de seguros náuticos.

"Uma de nossas perguntas ao Marcos, pela sua experiência em grandes empresas, foi: Como estar mais próximo delas, já que são assediadas o tempo todo com propostas de fornecedores? Ele nos mostrou ser necessário criar um relacionamento com a marca Safe Care muito maior do que só de venda, que agregasse conhecimento de alto nível aos gestores de pessoas.

"Marcos construiu um projeto de relacionamento, que abrange também o RH In Company, com o objetivo de materializar naquela indústria os conteúdos apresentados com visão macro no HR First Class. Por exemplo: novidades tecnológicas que empoderam o RH por elevarem sua eficiência e agilidade.

"As principais ideias e os conceitos trazidos pelo Marcos fizeram a Safe Care crescer em visibilidade e números. Para dar uma ideia, em nove meses alcançamos 50% da meta para o primeiro ano desse projeto inovador, criado em parceria com esse grande estrategista, que sabe motivar as pessoas com sua veia comercial. Além de competente, Marcos tem caráter e humildade raros, e com esse *mix* traz excelentes resultados."

SEJA UM GERADOR DE OPORTUNIDADES

Seu caminho profissional depende completamente das oportunidades que você gera. Quem quer crescer precisa assumir essa responsabilidade, porque as melhores chances surgem para quem vai buscá-las, não caem do céu. Isso eu lhe garanto!

Existe o elemento sorte, assim como alguns "amigos que vão dar aquela força", mas para esses casos o número de oportunidades é muito pequeno. Mesmo assim, esses amigos só vão indicá-lo, ou colaborar com suas ideias, se souberem o quanto você é competente, preparado e ávido a agarrar as boas chances de crescer.

Uma das atitudes que coloco em destaque no processo de se refazer e encontrar novos caminhos é: gerar as próprias oportunidades. Ficar reclamando que o chefe não lhe dá chance de crescer não adianta. Ele sabe o quanto você quer isso? Percebe pelas suas atitudes que está aberto a grandes desafios? Chega de se lamuriar, vá atrás do seu lugar ao sol pelas próprias pernas, como diriam nossos pais.

Olhando para a minha rota, eu teria crescido se continuasse estudando e trabalhando sem mudar de cidade, cargos, empresas, negócios? Quando saí da presidência da Bombril, pensei: "Caramba, se eu cheguei até aqui, posso gerar oportunidades ainda melhores, maiores, alinhadas ao que eu amo fazer".

Gerar oportunidades implica motivar-se a superar expectativas, criar algo melhor do que já existe, não se contentar com a primeira solução. O mercado já está cheio de profissionais fazendo o que todo mundo faz. Sendo igual ao outro, a pessoa terá cada vez mais dificuldade de se manter numa empresa e no mercado. Quando você quer crescer, realmente tem de buscar oportunidades pensando diferente, ou, como dizem, "pensando fora da caixa".

Enxergue sempre oceanos azuis

Tem gente que adora administrar pelo caminho dos problemas ou apagando incêndios, e muitas empresas convocam reuniões o tempo inteiro para descobrir problemas e apontar seus causadores. Já eu defendo que, primeiro, tem de solucionar. Depois, pode-se até estudar os percalços para tirar lições construtivas e melhorar os processos. Isso é muito diferente de iniciar uma caça às bruxas.

A melhor maneira de você administrar, engajando todo mundo a criar novas oportunidades, é sair à frente. Tem um problema? Resolva na mesma hora, para o seu cliente entender quão importante é naquele momento, em vez de dizer a ele que vai entender o que houve com mais alguém e depois voltará com uma resposta. Inverta esse jogo. Mais tarde, poderá até dar uma satisfação mais completa.

As pessoas, os mercados, as empresas... todos precisam buscar soluções pensando e agindo diferente da maioria, para que enxerguem oceanos azuis. Essa expressão ficou mais conhecida quando o chinês Chan Kim e a francesa Renée Mauborgne escreveram o livro *A estratégia do oceano azul*.

Depois de realizar uma grande pesquisa envolvendo mais de 150 movimentos estratégicos em mais de trinta indústrias ao longo de 100 anos (de 1880 a 2000), os dois concluíram ser urgente que empresários e executivos abandonem o oceano vermelho: onde a concorrência é intensa e o maior propósito é derrubar os rivais, o que acaba reduzindo as perspectivas de crescimento de todos.

Na visão dos autores, chegar ao oceano azul exige desbravar espaços inexplorados do mercado, mergulhando em inovações e buscando diferenciações que organicamente gerem mais oportunidades. Dois exemplos de companhias citadas no livro que já navegaram pelo oceano azul: General Motors e Apple.

No Brasil, eu destacaria como exemplo a guinada digital da rede varejista Magazine Luíza. Seu avatar Magalu, entre várias estratégias bem-sucedidas, vem gerando valor ao negócio no *e-commerce* e *marketplace*, enquanto muitas outras empresas do mesmo setor patinam. É indiscutível que seu posicionamento de inclusão digital levou a empresa a navegar no oceano azul.

Concordo com os autores quando estimulam a não ficar copiando uns aos outros e disputando pelos mesmos fatores clássicos de decisão de compra – como preço. Muito melhor é explorar novas abordagens, estratégias e oportunidades de fazer negócios, em vez de se agarrar naquilo que já está saturado.

Trazendo esse conceito do oceano azul para a meta individual de cada profissional, parto do princípio de que não se deve sair de casa pensando no resultado que é preciso alcançar, mas sim em como superá-lo. Por isso, insisto tanto em projetar 200% e, assim, atingir com mais facilidade os 100%.

No varejo, é comum os vendedores raciocinarem que, se têm cinco clientes grandes, buscarão 20% de cada um, quando seria muito mais estratégico querer atingir a meta inteira com todos. Essas pessoas se limitam porque ficam fixas à meta, sem se darem conta de que ela existe apenas como um parâmetro mínimo. Meta é um resultado padrão de que a empresa precisa para sustentar a operação.

Se você se fixar na porcentagem imposta, já está fadado a não performar tão bem como gostaria e ficará igual a cachorro correndo atrás do rabo. Quem quer buscar as oportunidades de crescer tem de estimular seu time e a si mesmo a pensar em fazer o dobro, olhando para tudo que pode ser feito diferente, mirando o azul, não o vermelho.

Aquele que conseguir acertar carregará o sucesso do time inteiro, porque pensou e agiu fora do *script* comum.

Pense sempre "fora da caixa"

Quando você se coloca como um gerador de oportunidades, seu caminho não tem fim. Seus olhos refletem a sua essência. Você tem que pensar fora da caixa mesmo, ser um especialista (com conhecimento técnico na teoria e na prática) e também um generalista (com conhecimento e experiência de gestão) para alcançar a melhor visão possível do todo.

Clientes e colegas comentam que gostam de me ouvir porque sempre penso "fora da caixa". Eu brinco:

— Eu penso fora da caixa porque nunca nasci dentro dela.

O que quero mostrar com isso? Que, antes de tomar qualquer atitude, descubro o que vou fazer para não ser igual ao outro. Dessa forma, estou criando relevância. Quando escuto "Nós já tentamos no passado, e não deu certo", aviso logo que não deu certo com aquela pessoa; a minha maneira de agir e de pensar como chegar até o resultado desejado vai ser diferente.

É uma questão de atitude mesmo, e não coisa de criativo lunático. É buscar sempre alternativas ainda não saturadas para poder extrapolar as metas, ser melhor hoje do que ontem, fazer mais e assim ressaltar a competência. Isso passa MUITA confiança a quem está por perto!

Por exemplo, eu poderia aprender *design thinking* e, como muitos, retransmitir essa abordagem de encontrar soluções coletivamente para os problemas, focando nas reais necessidades do mercado. Entretanto, sempre penso em me diferenciar, certo? Então, usei alguns de seus processos como base, aprimorei com toda a minha experiência e criei uma metodologia de treinamento própria, chamada *C3 Innovation*.

Cada C diz respeito a uma fase (conhecimento, convivência e conversão) com o objetivo primordial de estimular os participantes a pensarem "fora da caixa". Ao final do treinamento, desenhamos um plano de crescimento para os próximos três anos, pelo menos. Quando sou contratado para levar o *C3 Innovation* para dentro das empresas, oriento como criar o plano de expansão, montar um calendário de inovações, descobrir nichos e mercados a explorar de uma maneira personalizada.

Invista no que faz seu sangue pulsar

Uma dúvida comum dos profissionais: Crescer para onde, crescer de que forma? Para essa questão eu respondo com outra pergunta: O que faz seu sangue pulsar nas veias? É nesse caminho que você deve acelerar. Para exemplificar, vou contar o meu início como apresentador na TV do Portal iG e depois no canal aberto Band Paulista.

Sempre gostei de comunicação e do mundo da TV, com o qual eu já me relacionara comprando *merchandising* em programas, contratando artistas, elaborando campanhas etc. Numa conversa com o dono do Portal iG, em 2016, para tratar de outro assunto (um projeto de marketing para potencializar a conversão de compras virtuais), vi a chance de colocar para ele o meu desejo.

— Nossa! Eu adoro esse universo — revelei, assim que entrei, e contei um pouco da minha experiência até então.

Por causa da forma como me posicionei, sendo transparente sobre o que eu poderia fazer de diferente, ouvi:

— Vejo que conhece bastante esse mercado. Que tal você apresentar um projeto de empreendedorismo?

Por qual motivo você acha que ele falou isso? Porque "leu" nos meus olhos que eu adoraria ter essa chance. Antes de chegar para a reunião, eu já estava com essa ideia em mente, de promover o empreendedorismo como atitude, não pelo viés da economia. Acho que fui tão verdadeiro na nossa conversa que o incentivei a me fazer o convite.

Então, eu quis garantir um segundo encontro:

— Posso trazer para você uma ideia.

Escrevi o roteiro, entreguei dias depois, e o dono adorou. Chamou vários de sua equipe, mandou fazer. Com o nome *Pra Frente Sempre – com Marcos Scaldelai*, trazia no material de divulgação a seguinte chamada: "Você que é um executivo empreendedor ou qualquer pessoa que busca crescimento profissional não pode perder esse programa. Conheça o lado 'E' de empreendedor do seu artista favorito".

Essa minha primeira experiência como apresentador e entrevistador me abriu as portas para ser contratado pelo canal aberto Band Paulista, sediado em Presidente Prudente (SP). Migrei para essa emissora em menos de dois anos.

Em suma, me arrisquei na comunicação televisiva com o iG, gostei e fui conquistando audiência. Daí, quando fui incumpido de dirigir o LIDE, em São José do Rio Preto, fui para o interior de São Paulo. Lá, executivos da Band me conheceram, queriam fazer um programa de relacionamento com grandes empresários e me chamaram.

No iG, meu programa tinha um formato muito inovador. Num bloco, eu entrevistava uma celebridade sobre seu lado "E", revelando como investe seu dinheiro. O apresentador Otávio Mesquita, por exemplo, contou sobre sua produtora de vídeos e também seu desenvolvimento como piloto, em busca de patrocinadores. Eu também resgatava características de familiares e amigos que influenciaram essas escolhas, para mostrar que vale a pena desenvolver o espírito empreendedor desde a infância, já que a maioria das escolas não se atém a isso.

No outro bloco, entrevistava algum executivo de renome e terminava com a avaliação de uma *startup*, junto com os dois convidados. Eu perguntava a eles se investiriam ou não no negócio em questão e debatíamos as respostas.

Já a Band Paulista quis explorar o empresariado do interior de São Paulo. O programa *DNA* já existia em outras afiliadas da emissora, mas não no Noroeste Paulista, e os diretores vislumbraram que eu seria o apresentador ideal. Na época, eu já estava comandando o LIDE Rio Preto e tinha acesso a grandes empresários. Como o nome diz, busco revelar o DNA dos entrevistados, o ser humano que cada um guarda dentro do bem-sucedido profissional de negócios.

Apresentar esses programas só aumentou a relevância que eu vinha criando na minha trajetória. É preciso se preocupar com isso para gerar boas oportunidades. O inverso também é verdadeiro. Aos irrelevantes dificilmente as pessoas vão abrir portas. Lembre-se: é essencial parar de reclamar do que os outros não fazem e ser protagonista, buscar soluções, enxergar oceanos azuis!

Monte um plano 360°

Veja como uma oportunidade puxa outra. Se eu não tivesse tomado a iniciativa lá atrás, a segunda emissora não teria me chamado depois. Quando você tem a chance de aliar trabalho a uma vontade, a um sonho, e se sente competente para realizar bem a atividade, precisa pôr na mesa de negociação.

É aquela história: o "não" você já tem. Porém, se ouvir um "sim", a sua carreira tem a chance de subir numa espiral crescente. Deixa de ser uma rota linear, sendo movida por novos desafios que afastam a monotonia e o desânimo ao acordar todas as manhãs.

Conciliar outras atividades com a exposição na TV não saiu da minha esfera de trabalho, área de atuação e meta. Pelo contrário, apresentar um programa de entrevistas sobre empreendedorismo me fortalece na contratação de projetos de crescimento e de palestras. Elas ficam dentro de um plano 360°, que tem tudo a ver com a minha meta.

São atividades que me dão enorme prazer e também credibilidade para fazer negócio com clientes. Livros conferem autoridade, palestras levam meu nome e minha experiência profissional a públicos que podem me contratar para projetos. Tudo junto divulga meu nome pela força da minha história, forma de trabalhar e visão de sucesso. Alcançar maiores ganhos financeiros é consequência.

Imprima sua personalidade nas iniciativas

Ao longo da minha carreira, procurei conquistar relevância com as ideias que propunha e, assim, ter os acertos reconhecidos e recompensados. Trabalhei numa empresa de carnes, por exemplo, que não era a líder, mas eu tinha uma relevância grande quanto ao entendimento de mercado. Tanto que um cliente grande me telefonava toda vez que queria saber mais informações sobre algum movimento nesse setor.

Entenda: a relevância quem dá é você. Esse é o caminho certo para todo mundo gerar oportunidades. Não dá para ser um *trainee* igual a outro, assim como não dá para ser um presidente igual a outro. Então, ou você vira a chave da inovação e tem espírito empreendedor – onde quer que trabalhe! – ou se conforma em ter um plano de carreira dentro de patamares mais lineares, sem se destacar.

Uma prática comum é a do *benchmarking*, que prevê incluir no seu planejamento uma análise do que os outros estão fazendo com sucesso. Talvez você queira me perguntar se deve continuar utilizando esse processo de comparação de desempenho. A resposta é sim.

Quando você tem um desafio na mão, um projeto a desenvolver, precisa mapear, no seu mercado de atuação, tudo o que já foi feito ou está em prática. O segundo passo é crucial: escapar das ciladas de copiar e de repetir. Prefira buscar soluções que saiam do escopo tradicional porque é desse jeito que você pode ser grande. Pode até utilizar a mesma solução de concorrentes, mas de uma forma que surpreenda.

Ir na cola dos outros pode até dar certo, mas é importante que você se supere, cause impacto, gere grandes expectativas e faça com que a sua empresa ou projeto se sobressaia. Nesse mundo VUCA (sigla em inglês para volátil, incerto, complexo e ambíguo) em que vivemos hoje, chacoalhado pela revolução digital, isso é ainda mais real.

Quando entrei na Bombril, poderia ficar sossegado, continuar fazendo campanhas publicitárias com o Garoto Bombril, mas não. Coloquei a cabeça na guilhotina, contratando três atrizes e humoristas de atitude para atualizar a imagem da empresa e atrair a atenção da consumidora mais jovem.

Claro, é essencial fazer muita pesquisa antes para saber o tamanho do risco que está disposto a correr. Na prática, quando tem um desafio na mão, precisa você estudar tudo o que está sendo e já foi feito, para simular mudanças e depois buscar o resultado. Isso é ter atitude. É se questionar o tempo inteiro para desbravar possibilidades menos previsíveis.

Desde que eu assumi o LIDE Rio Preto, me dedico a fazer eventos que tenham diferenciais em relação aos das outras unidades. Crio homenagens, por exemplo. Orgulho-me de ter levado ministros e presidentes de grandes empresas pela primeira vez a esse município tão importante – o 11º em população no estado de São Paulo, segundo dados do IBGE divulgados em 2018. Em dois anos à frente do LIDE Rio Preto, ele se tornou o segundo maior LIDE do mundo, atrás apenas do de São Paulo.

Em outras palavras, imprimo a minha personalidade nas iniciativas. Deixo a minha marca: colocar a minha importância dentro daquele momento que estou vivendo. Sempre digo que é preciso ser "o cara" e conseguir que as pessoas pensem: "Foi *ele* quem deu uma cara diferente ao projeto" em vez de "Isso é bom, mas todo mundo já fez!".

Quando você faz algo diferente, seu nome fica marcado. Tem peso no currículo. Tem valor para você se sentir forte e referenciado pelo mercado, porque causou uma revolução. Para isso, precisa ter muito sangue pulsando na veia e automotivação constante.

Nas pequenas coisas dá para reconhecer o quanto aquela pessoa é capaz de buscar alternativas, de gerar oportunidades e de pensar "fora da caixa". Esse é o perfil que eu sempre gostei de ter ao meu lado.

Discuta três soluções para cada dilema

Implantei na Bombril a cultura de trabalharmos todos com a visão de quem empreende, por acreditar que o executivo que desenvolve o espírito de dono busca o impossível constantemente. Ele não se limita a fazer "o agora". Essa postura ajuda a criar horizonte de crescimento também para os clientes, tornando-os parceiros.

Você percebe rapidamente quando um líder tem esse perfil, porque ele não aceita a primeira resposta nem que lhe tragam apenas uma solução. Sabe que geralmente é a mais óbvia. Conhece a máxima "Quem tem só uma ideia não tem nenhuma"? Sabendo que a terceira e a quarta costumam ser as mais inusitadas e/ou eficientes, ele desafia seu time a colocar na mesa várias alternativas para apostar na melhor.

Exercito essa prática com todos que me cercam nos projetos. Inclusive agências, quando envolvo campanhas ou pesquisas.

— Me apresente três caminhos, no mínimo, tá? — digo logo, sabendo que muitos não reagem bem. A maioria gosta de criar uma e se dar por satisfeita, pensando "É essa que eu vou defender".

Não pode! Até porque podemos escolher uma parte de uma ideia que vai casar bem com aquela parte da outra, e assim gerar algo novo, que ninguém tentou antes. Então, eu continuo:

— Pode defender a ideia que você quiser, mas tem que me apresentar outras duas opções. Eu vou decidir.

Na minha jornada executiva, diante de um problema, eu também não dava a solução. Estimulava as equipes perguntando:

— Qual é o caminho? O que nós vamos fazer? Tragam opções para desenharmos juntos.

Sentar na minha frente com o problema no colo não adianta nada.

Quando entrava alguém aflito na minha sala dizendo "Marcos, acabou de acontecer um problema que ninguém esperava...", eu escutava e pedia à pessoa que fosse para a sua mesa raciocinar, calcular riscos, nossas fraquezas e forças frente à situação e voltar com possíveis saídas. Sempre chegávamos às melhores soluções.

Estratégias para nunca perder uma oportunidade

Coloque no seu radar: às vezes, surge uma chance de mudança que não é a ideal para aquele momento, mas você não deve tirá-la do radar. Pode ser que, no prazo de alguns meses ou no ano seguinte, tenha um valor muito maior. Em outras palavras, redobre a atenção para não descartar todas as oportunidades que surgem. Às vezes, não é o momento de ir para aquela empresa ou de aproveitar uma bolsa de estudos no exterior, mas pode ser que mais à frente isso seja adequado. Você se decidiu por uma possibilidade; quanto às outras, deixe-as guardadas na sua mente, numa pasta com os e-mails trocados, para que possa reavivá-las numa fase mais apropriada.

Nunca deixe de se relacionar: quem se fecha no seu mundinho se blinda e já está 3fadado a perder uma série de oportunidades. Geralmente, elas brotam principalmente das relações que você cultiva. O tal do QI – quem indica – é cada vez mais determinante para endossar a sua competência. A empresa de sucos funcionais WNutritional, que ajudei com o projeto de crescimento, chegou ao meu nome pela recomendação de um amigo. Além disso, não é novidade que todos odeiam ser procurados somente quando o outro está precisando dele. Em compensação, amam ouvir de alguém em quem confiam "Eu sei de uma pessoa que vai resolver o seu problema". Por eu ter essa visão, se alguém me chama para um café, eu vou. Se um cliente quer sentar só para bater um papo, eu converso. Pode ter certeza: de onde menos se espera saem grandes oportunidades.

Interaja com outros grupos: comece a expandir seus relacionamentos no seu próprio ambiente de trabalho. Por exemplo: saindo mais vezes para almoçar com a equipe, misturando-se com o pessoal de outros departamentos, indo a campo conversar com seus clientes e consumidores. Na vida pessoal, tenha, na medida do possível, convivência social saudável. Pode ser com pais dos filhos que estão na mesma escola dos seus, com colegas do MBA... Se você conversa sempre com o mesmo grupinho, como vai oxigenar as ideias e enxergar novas oportunidades?

Viva na essência o que sua empresa entrega: esse é outro ponto importante! Se é empresa de varejo, vá a campo. Não importa a área em que você trabalha, confira com os próprios olhos o que acontece na rua, vá entender a relação que o consumidor cria com o seu produto. Se a empresa vende um serviço, utilize-o para vivenciar a experiência na prática. Aposto que, depois dessa imersão, você vai se olhar no espelho de uma forma muito melhor.

Diga "não" deixando caminho aberto para o futuro: vamos imaginar que você tem duas propostas de trabalho e precisará escolher uma, ou, então, está analisando dois fornecedores, tendo gostado de ambas as propostas, mas só pode bancar uma. Faça isso de modo a não fechar portas gratúitamente. Preocupe-se em deixar uma imagem positiva. Se aquela empresa ou pessoa tem valor, mantenha-a no seu radar e nos seus relacionamentos para que possa trazer para sua rota de sucesso no futuro.

Envolva-se em atividades com troca de conhecimento: escrever livros, montar projetos de crescimento para pequenas e médias empresas, apresentar programa de TV, realizar palestras, promover eventos do LIDE: tudo o que eu faço acaba gerando mais oportunidades. Desenhei esse meu novo momento, pós-presidência executiva, com atividades correlacionadas que fortalecem o meu nome e me tornam referência em marketing e gestão voltados ao crescimento das empresas e dos profissionais. Pense num fluxo de atividades que possa favorecer os seus planos.

Um exercício prático para lhe estimular a gerar mais oportunidades

Passo 1: enumere o que realmente você fez de diferente no último ano, que lhe deu uma relevância maior. Sua lista foi pequena ou surpreendente?

Passo 2: para gerar mais oportunidades na sua vida, a fim de atingir mais rapidamente a sua meta, eleja cinco desafios que precisa – e quer – abraçar.

Passo 3: vá além, analisando até cinco opções de ações para superar cada um dos desafios.

Passo 4: monte seu planejamento de crescimento projetando os possíveis frutos que colherá na sua rota, as vantagens e desvantagens das suas escolhas e suas forças e fraquezas para fazer dar certo. É uma espécie de análise SWOT, ferramenta de planejamento estratégico bastante utilizada que, traduzida para o português, quer dizer forças, fraquezas, oportunidades e ameaças. Ela é útil para desenhar um plano de superação para qualquer desafio nosso, por nos ajudar a enxergar alternativas com seus riscos.

Passo definitivo: agora é escolher por onde começar e agir!

9

DAR RÉ NÃO SIGNIFICA VOLTAR

Por acreditar que quem faz a sua trajetória é você, espero que tudo o que narrei lhe ajude a enxergar os momentos certos para se refazer, e que você consiga sair da linha reta e criar novos desenhos, caminhos, rotas alternativas e talvez mais rápidas, para que não estacione ou, pior, para que não enxergue o fim da linha.

Espero que você se sinta ainda mais motivado a buscar desafios constantemente, sabendo que eles representam chances para recomeçar. Aceitar um novo desafio não significa voltar ao ponto zero e, se você tiver que dar um passo atrás para depois dar dois à frente, não encare isso como derrota. Ao valorizar sua história, suas vitórias e seus aprendizados, você pode se movimentar em variadas direções e continuar crescendo até atingir tudo que deseja e merece.

Depois da grande experiência que tive na Bombril, foi importante me refazer, para que minha história tivesse continuidade, sempre lembrando que escolher implica ganhar de um lado, mas perder de outro ou abrir mão de muitas coisas. No meu caso, que deixei a cadeira de presidente, renunciei também a um rendimento financeiro considerável, carro blindado com motorista dedicado e outros benefícios que dão conforto, *status*, mas não bastam.

Movido pela meta de estar em projetos que me façam feliz, não cabia ficar me lamuriando. Deus me livre de ser uma hiena corporativa! Quero sempre tomar decisões proativas e partir para o abraço. Se você não pensar assim, não terá vontade de sair de casa.

Sempre vale refrescar a memória sobre tudo que você já construiu para querer fazer muito mais. Sou um exemplo de que a reinvenção dá muito mais certo quando você ama o que faz e recebe o devido reconhecimento pela sua trajetória. Se construir está no seu sangue e você consegue fazer isso sendo uma pessoa de caráter, do bem, não tem como dar errado!

Muitas vezes pode acontecer de interpretarem sua decisão como um retrocesso, e isso pode se tornar um problema se você não souber lidar com a opinião alheia. Atingi o cargo mais desejado pela maioria dos executivos e não travei por receio de que alguém achasse que seria um passo atrás optar por empreender. É verdade que troquei um projeto de trabalho "garantido" por outro pelo qual lutaria para fazer dar certo. Porém, analisando por outro prisma, ser o dono das próprias ações, o direcionador do meu crescimento, fazia com que valesse a pena, sobretudo por ser desafiador e colocar minha coragem em jogo.

Para isso, além de ter construído uma jornada e ter criado relevância no mercado, precisei estar bem preparado – em primeiro lugar, emocionalmente. Preparação técnica eu tinha, ou não teria conquistado tanto num curto espaço de tempo comparado à maioria.

Além de deixar de ter certas mordomias, é natural passar por avaliações externas. Pessoas que estavam muito ligadas nos seus passos não estão mais, mas cabe a você deixar claro que seus valores são outros. Quando saí da presidência, felizmente não ouvi críticas negativas, talvez porque tenha me refeito de uma forma tão consistente que os outros devem ter pensado "ele voltou mais forte".

Quem passa por esse tipo de situação e sofre é porque está se preocupando demais com o que os outros podem pensar – e talvez não estejam pensando nada. Esse é um incomodo de quem não está preparado. Como eu acreditava no meu caminho, consegui abrir mão daquilo que eu não precisava naquele momento, como *status*.

Um ponto essencial: meu nome se manteve forte. Abri mão apenas de benefícios materiais. Para que preciso de um escritório gigante? Para manter uma imagem de poder? Por que gastar dinheiro com um carro luxuoso se usar os aplicativos de transportes é bem mais prático? Em meu novo momento, costumo falar com pequenas e médias empresas, viajar pelo interior do estado e do país, então preciso ir e vir rapidamente e quase não fico em São Paulo. Um carro para a minha família é suficiente e não preciso de um só para mim para ficar na garagem. Para quê?

O que mostra quanto uma pessoa está bem é a forma como entrega aquilo que se comprometeu a fazer, não aquilo que tem financeiramente – ou aparenta ter. Um executivo precisa seguir regras e padrões, e muitos são felizes assim. Já eu tenho a chance de continuar tudo o que fiz de inovador, tudo o que entreguei enquanto funcionário, nos desafios de empreendedor. Passo a fazer por mim o muito que fiz pelos outros.

Há surpresas para melhor no caminho

Ao esclarecer que dar marcha ré não significa voltar para uma situação ruim, lembrei-me de um fato curioso que vivi quando trabalhava na General Mills. Deixei a gerência de marketing para ter um cargo voltado ao mercado internacional, descobrindo novos produtos da companhia no mundo que pudéssemos trazer para o Brasil e o México.

Quando recebi esse cargo, confesso que fiquei chateado, pensando equivocadamente que seria um "cala boca" para não me promover a diretor de marketing, que era o meu próximo objetivo. Só na prática percebi o quanto essa experiência foi importante para minha rota de sucesso.

Engajei-me tanto nesse projeto que o presidente quis a minha ajuda para entender o cenário brasileiro. Ele era argentino, recém-chegado, e, após algumas reuniões, concluiu que eu era um funcionário fundamental para o desenvolvimento interno da companhia.

Ele pediu ao meu chefe, que ficava em Miami, para eu voltar a me concentrar no mercado interno, como um guardião das oportunidades. Com essa atitude, ele fortaleceu meu papel estratégico. Algum tempo depois, recebi proposta de outra empresa para ser diretor de marketing e aceitei, acelerando meu crescimento no Brasil, mesmo tendo recebido uma oferta para permanecer no mesmo cargo, mas mudando para os Estados Unidos, que nunca foi meu sonho.

Lições valiosas da dor

Algumas decisões podem ser dolorosas, mas carregam lições valiosas! Se você quiser se arriscar, como vai dar certo? Você é resultado dos seus atos, mas, muitas vezes, não aceita com facilidade a decisão que toma, mesmo sabendo que foi a melhor naquele contexto. Só que, ao olhar para trás após um ano, provavelmente verá o tamanho do aprendizado que teve.

Hoje, estou ainda mais preparado para fazer este exercício: projetar como será um ano depois de uma decisão que preciso tomar. No processo de desligamento da Bombril, estudei bastante quais seriam os impactos. Como incentivo, pensei: "Ok, mas se daqui a um ano eu tiver montado a minha empresa, com alguns *cases* de sucesso para contar, e mantiver meu nome em destaque, estarei bem e farei ainda mais".

Não temos o hábito de fazer esse tipo de projeção. Tendemos ao imediatismo e a pensar somente nas possíveis consequências ruins de uma decisão. Meu conselho é que você projete tudo dando certo, de acordo com o que desenhou para sua carreira e vida. Mantenha seu foco nisso e aja para concretizar essa excelente visão de futuro.

Praticar esse exercício nos ajuda a sofrer menos na hora de deixar uma empresa, um cargo, um endereço ou qualquer outra conquista. Deixar as zonas de conforto é sempre positivo, mesmo que o peito doa durante o processo de decisão. Na hora H, há um sofrimento gigante, mas, depois, você verá quantas alegrias uma mudança é capaz de lhe proporcionar.

A *coach* que me apoiou no processo de saída da Bombril disse: "Daqui a um ano você estará comemorando as novas conquistas" Enquanto sofremos uma espécie de luto, dificilmente projetamos a nossa felicidade. Pisamos na dor, imaginando todo tipo de problema que ela poderá trazer – como perder renda e amizades –, sendo que podemos escolher nos fortalecer valorizando o que pode dar certo.

Não é viver um sonho, ao contrário, como diz o livro *Sonho Grande*, com o milionário Jorge Paulo Lemann e seus sócios Marcel Telles e Beto Sicupira: "Sonhar grande dá o mesmo trabalho de sonhar pequeno". Para que sonhar pequeno? Não há limites para quem corre atrás de seus objetivos, desde que tenha foco e tome atitudes "pé no chão".

Recado importante: a dor é sua. Não tem de ser de mais ninguém. Muitos acabam com seus casamentos, enfraquecem laços familiares ou amizades do trabalho apenas por não aceitar que o outro não compartilha de sua dor. Você pode, sim, pedir ajuda a profissionais especializados ou um ombro amigo, mas saiba que ninguém tem a obrigação de sofrer com você.

O importante é escolher ser você!

É mais fácil superar a dor quando enxergamos a vida como uma escada sem fim. Já contei que preferi não seguir carreira artística, embora eu adorasse cantar letras divertidas dentro de um figurino exótico, na banda Bregalize, por visualizar outro caminho muito mais promissor para minha meta de ser feliz. Como músico, eu tive um começo empolgante, mas com prazo determinado, com meio e fim.

Nessa jornada de colaborar para empresas e marcas crescerem, eu não via um fim. Podia explorar muito mais, com meu jeito inconformado de ser, e isso vem se concretizando. Por isso, sugiro a você ficar atento às suas decisões para que não sejam justamente aquelas com meio e fim.

O que eu queria com a minha banda e com a minha carreira executiva era a mesma coisa: sucesso, estando em evidência como um cara transformador. Isso se traduz em felicidade, que está ligada a permanecer na linha de sucesso até quando eu quiser.

Escolhi brilhar sendo eu mesmo, e não um artista, que ganha mais fãs quanto mais mantém uma aura de mistério, distante de um ser humano normal. De roupas brilhantes, óculos escuros, sempre engraçado, eu não podia me revelar por completo.

Já o mundo executivo não permite construir personagem. Qualquer máscara cai muito rápido, porque o resultado entrega a sua verdadeira competência. Tudo que eu fazia tinha a assinatura Marcos Scaldelai e estava alinhado com o meu propósito de fortalecer meu nome, me manter em destaque e ser relevante a muitos CNPJs e CPFs.

Quem é visto é mais lembrado

Quando você abraça um projeto e se apresenta ao chefe, à empresa e ao mercado como protagonista, está fazendo a coisa certa, conforme a máxima "Quem é visto é lembrado". Qual legado você quer deixar? Está sendo percebido? Abra o campo para seu time brilhar também, mas sem ceder seu lugar de protagonista.

Onde tenho oportunidade quero ser visto. Tenho uma assessoria de imprensa, há muitos anos, que me apresenta vários convites para entrevistas. Respeito rádios, jornais e programas de variados tamanhos. Todos têm sua audiência, e me preocupo em transmitir conteúdo de qualidade para ser lembrado.

Quantas vezes recebo mensagens elogiando a minha participação em emissoras pequenas e revistas especializadas num setor, ou querendo saber mais informações sobre alguns tópicos abordados. Sei que a minha fala é marcante, impacta positivamente as pessoas que buscam o seu sucesso, agrega com conteúdo. Quanto mais eu fizer as pessoas saberem quem é o Marcos Scaldelai, o que pensa e faz de diferente, mais me sinto útil e mais chances tenho de ser recomendado a futuros trabalhos.

Não quero estar na mídia por vaidade ou para cumprir tabela. Também não nasci para fazer "presença VIP", como vários profissionais – inclusive de cargos altos, o que dificulta sua recolocação em outras empresas, quando desejam –, que apenas mostram a cara em eventos, sem fazer relacionamentos e trocar conhecimento.

De alguma forma, os outros convidados e organizadores sabiam quem eu era quando presidia a Bombril. Até hoje gosto de fazer perguntas aos panelistas de seminários, sempre que surge a oportunidade, para colaborar com a disseminação de conteúdo e agregar alguma informação útil ao tema da pauta.

Silvio Santos, a meu ver, é um professor dessa "matéria". A forma como ele se veste fora da TV, as declarações que dá são de quem quer ser visto como um empresário irreverente, que não se preocupa com os padrões que a sociedade impõe. O que sabemos de um dos brasileiros mais queridos da história? Que é apaixonado por cachorros e que lava louças com prazer, por exemplo.

O dono do SBT não é visto num jatinho próprio porque isso é comum e tem relação com a soberba da sua posição. Ele quer passar autenticidade e quebrar paradigmas. Ao contrário da maioria das empresas familiares, assume na frente de todo mundo que as filhas trabalham na emissora porque "são minhas filhas".

Seja protagonista à sua maneira, sempre chame atenção para algo que ninguém mais percebeu. Não tenha medo de levantar a mão e se colocar numa reunião ou seminário. Afaste o receio de se arrepender pelo que não fez. Ao agir sempre como um líder a ser seguido, redobrará sua garra e persistência em fazer diferente.

Sucesso é consequência de tudo isso, não apenas dinheiro. Se você chegou ao final deste livro concordando comigo, pode ter certeza de que, de agora em diante, tudo o que surgir e se abrir para você será porque está capturando com a sua atitude de querer fazer diferente.

Melhor ainda é se conseguir irradiar sua energia de uma forma que favoreça mais gente ao seu redor. A sua felicidade pode contagiar, e a sua força vai prevalecer ainda mais, como exemplo a ser seguido.

Levei um dos donos de uma emissora de tevê a um evento do LIDE Rio Preto; a primeira coisa que me disse, quando desci do palco, foi que sou um grande comunicador, que deveria ter um programa voltado a outros públicos, não só a empresários.

— Você tem atitude e carisma para isso. É impressionante.

Essa semente já me fez pensar em várias ideias para um novo projeto televisivo. De fato, toda vez que subo ao palco para apresentar um evento, dou o meu melhor a todos que estão me escutando, quero mostrar a minha verdade.

Se eu buscasse um mestre de cerimônias, e não ousasse realizar esse trabalho, estaria perdendo a chance de mostrar a minha habilidade de comunicador. Mais: se aquele dono de uma emissora aberta de televisão enxergou isso e abriu uma possibilidade de conversa, por que não preparar ideias para apresentar a ele e a outras emissoras? Comecei, então, a fazer isso também.

Tubarão tem que estar com tubarão

Temos de estar cercados de pessoas que nos acrescentam, que reconhecemos como melhores do que nós em alguma coisa. Desejo me juntar com os melhores, porque só assim vou ser impulsionado a me desenvolver mais e mais.

Quando coloco tubarão com tubarão, então, nos eventos empresariais que organizo, multiplico o conhecimento. Há uma troca de experiência ao vivo, real. Algumas pessoas não entendem e dizem "Eu vou estar num grupo com tantos presidentes, donos e diretores para quê?". Bom, eu pelo menos quero, e muito, porque desejo pensar como eles, agir como eles...

Como fazer isso sem forçar o *networking*? O primeiro ponto é querer estar ali e com um objetivo, que varia para cada um. Esse objetivo pode ser de aprender, de motivar-se, de fazer uma pergunta, de ouvir como o tubarão prosperou.

A vida já nos incumbe de separar as boas das más companhias. Quando a gente faz amizades com quem prospera, não se limita, está caminhando para prosperar também. Se esses encontros com tubarões ocorrem em eventos grandes, cada um sabe o motivo de estar lá. O maior benefício não é a foto que vai tirar para mostrar ao mundo que você conheceu fulano, é o quanto vai poder tirar de conhecimento dele.

Estar com pessoas que agregam é uma preocupação de pais desejosos de que seus filhos sejam sucessores em seus negócios. Muitas vezes, os filhos estão cercados de pessoas que não agregam.

É bacana quando jovens começam a frequentar grupos, como os do LIDE Futuro, onde há valorização de ideias, experiências e conhecimento. Você pensa: "A pessoa quer isso!". Como pai, gostaria muito que meus filhos se engajassem em movimentos frequentados por pessoas melhores do que eles, para que possam ser cada vez melhores também.

O mesmo se aplica à vida pessoal. Além de participar de movimentos católicos, tenho um grupo de amigos que levo para minha casa de campo, em Itatiba. São pessoas felizes, com casamentos felizes, que tocam a vida de forma harmoniosa e amorosa com os filhos. Essa convivência é saudável à minha família, que se sente parte dessa felicidade e quer o mesmo.

Escolho ambientes nos quais não estarei perto de quem quer me derrubar. Prefiro fazer parte de uma ideologia que me leve pra frente. Ninguém faz seu sucesso sozinho; a troca de experiência aguça suas "antenas" para as oportunidades.

Às vezes, é por meio desse contato com tubarões que surgem grandes oportunidades!

Meu pai sempre falou:

— Independentemente de onde você está trabalhando, faça relações e amizades porque isso é que constrói o caminho.

Assim, eu sempre quis fazer relações e amizades com pessoas que me acrescentam, que me levam pra frente. É bom sentar com gente que pensa grande o tempo inteiro! Para que vai sentar com gente limitada? Para você ter dó?

Pense ainda que *você* pode ser tubarão para muita gente. Com sua experiência, ideias, vontade de acertar e maturidade. Seu papel também é fazer com que outros tenham vontade de ser como você. Não ache que deve ter sucesso sozinho; preocupe-se também em puxar quem o ajudou.

Precisamos ter referências de prosperidade

Presidir o LIDE Rio Preto, Grupo de Líderes Empresariais do Noroeste Paulista, me trouxe a oportunidade de aprofundar todo o meu conhecimento sobre governança corporativa, temas econômicos e políticos à luz dos interesses e impactos empresariais, defender a ética, os princípios democráticos, a gestão eficiente nos setores públicos e privados e muito mais.

Inevitavelmente, tudo isso me torna ainda mais relevante a muitos outros empresários que não me conheciam e que passaram a me conhecer. Esse grupo de líderes empresariais, presente em vários estados e em mais de quinze países, tem a característica de levar conhecimento de alto nível, fazendo com que você se torne relevante entre todos e prospere.

Então, sou um dos que dão constantemente um pouquinho de conhecimento como alimento, para que muitos tubarões continuem crescendo, prosperando e inspirando outros a se tornarem tubarões como eles. Fazer parte desse ecossistema tem tudo a ver com meu plano 360° de sucesso com relevância.

Esse acesso que o LIDE proporciona é muito importante para que eu viva na prática os assuntos que estão transformando o país. Quem diria que eu seria a pessoa que levaria o Henrique Meirelles (ex-ministro da Fazenda) para falar ao vivo aos homens responsáveis pelo PIB rio-pretense? Ou mesmo Marcos Angelini (ex-presidente do Facebook Brasil), Artur Grynbaum (fundador da maior rede de franquias do país, o Boticário), Luiza Helena Trajano (dona na Magazine Luiza), Gustavo Leite (ministro da Indústria e Comércio do Paraguai) etc.? Deu certo reunir os grandes empresários a favor da prosperidade. É um projeto sensacional, do qual faço parte com orgulho.

Dentro desse meu princípio de estar com quem me fortalece, me deixa maior – e não com quem me derruba, que me deixa menor –, ressalto que sempre me inspirei no empresário João Doria. O conheci por meio do LIDE, que ele fundou, vários anos antes de se afastar para concorrer à prefeitura de São Paulo.

Sempre vi o quanto seu relacionamento com outros tubarões agilizava a concretização de boas ideias. Isso só fortaleceu minha vontade de estar à frente de uma unidade do LIDE. Afinal, eu já havia comprovado como filiado, quando era executivo da Bombril e até um pouco antes, o nível de crescimento que o LIDE proporciona.

Mesmo tendo feito uma mudança de rota para se dedicar à política, Doria continua sendo uma das minhas referências de sucesso e tem a minha admiração como pessoa. Independentemente de ideologias políticas, eu o considero um espelho para a prosperidade dos empresários – sempre foi.

Doria, além de incentivar o principal acionista da Bombril a me contratar para dirigir a área comercial, apoiou o convite irrecusável que me foi feito de vir para o LIDE, agora do lado da gestão, quando saí da empresa. Meu pensamento foi: "Não vou sair da minha rota. Atender a esse grupo voltado a grandes empresários daria visibilidade ao meu nome e aos meus projetos. Vou continuar a ser relevante".

As pessoas captam a sua verdade e a seguem

Acima de tudo, continuo sendo o Marcos acessível e relevante. Construí, e continuarei construindo, histórias, que compartilho neste livro, assim como nos dois anteriores, porque me faz feliz poder colaborar com a rota de sucesso de mais pessoas. Meu protagonismo aumenta porque sou atualmente o meu produto. Porém, repito que a minha decisão de empreender não é apenas um modelo, não interfere em nada no caminho de crescimento e sucesso daquele que continua numa carreira executiva sabendo que alcançará sua meta por essa rota.

Quando você é um autor que compartilha suas atitudes na prática, as pessoas captam a sua verdade e conseguem se enxergar naquilo porque é real. Tudo o que eu construí, você também pode – e espero que isso tenha ficado muito claro para você.

Engaje-se ao máximo nos projetos e na busca pelas suas metas. Essa atitude é importante para que você valorize e seja valorizado por todos à sua volta. Seja fiel aos seus valores e aos seus sonhos.

As maiores blindagens: fé e família

No começo deste livro, afirmei que, para estar preparado para todo e qualquer julgamento que vier, você precisa se blindar. Gostaria de concluir me aprofundando nessa questão essencial. Quero frisar que essa proteção é completamente emocional.

O melhor de tudo é descobrir que vários elementos da sua blindagem já estão dentro de você. Você só precisa externá-los. A blindagem é composta por força interior, autoestima, experiências de vida, conhecimento, os resultados que já alcançou... A maior de todas as blindagens, entretanto, é a família. É ela que vai acreditar e apostar nos seus sonhos e objetivos, acima de tudo. Por isso, cuide bem da sua, pois terá o retorno na hora em que mais precisar dela.

Mesmo que esteja solteiro e sem planos de se casar e ter filhos, você estabelece relacionamentos. No mínimo, com seus pais, irmãos e amigos. Ninguém é uma máquina profissional para não ter outros interesses na vida. Construir *links* emocionais também é importante. Então, tem que fazer esse balanço muito bem.

Uma pessoa só é completamente feliz quando o emocional, o profissional e o afetivo estão equilibrados, harmonizados, coerentes. Talvez ouça "Ah, mas quando você pensa nos outros, não raciocina bem". Pois eu digo que quem tem uma família não está pensando nos outros, mas em si. Está pensando que, para ser realmente feliz, essas pessoas que tanto ama precisam estar felizes também.

O ideal é sentar, conversar, ouvir as impressões deles e passar confiança com relação ao caminho que você está escolhendo seguir. Até porque, quando você envolve a família – que é sua melhor blindagem –, pense que ela lhe dará apoio para enxergar a vida como uma escada cheia de degraus a subir.

Tenho um lema na minha vida, que é "O que é ruim não agrega, não faz parte". Isso é estar blindado, e tudo fica ainda melhor com o reforço da fé. Eu tenho a espiritualidade como uma força fundamental na minha vida. É uma energia disponível a todos, que faz com que eu acorde todos os dias querendo vencer. Por isso, resolvi levar essa filosofia de vida para o mundo empresarial.

Para ficar forte na minha meta, de que preciso realmente? A fé me ajuda a manter os pés no chão. Foi importante, por exemplo, para eu não temer recuar diante das vantagens como *status* e glamour que o alto cargo que eu ocupava na Bombril me proporcionava.

Quando você tem fé, acredita que pode superar as adversidades e ser feliz, enche-se de vontade de correr atrás de seus objetivos. Se passa por um momento difícil e fica imaginando que está andando em falso, precisa recuperar a fé de que aquilo é uma passagem, que trará aprendizados para iluminar o seu futuro.

Independentemente de ter uma religião ou não, você pode materializar a força de Deus primeiramente na sua família, para que ela fique bem e protegida por essa força divina, para poder lhe perdoar, acolher, respeitar, abraçar, incentivar, amar incondicionalmente. O maior símbolo de que Deus está presente na sua vida é sentir que a sua família é capaz de ser tudo isso para você.

Essa é a minha forma de enxergar a fé e que confere coerência às minhas falas e realizações. Foi o que me fortaleceu o tempo inteiro, principalmente nos meus momentos mais difíceis e decisivos, tanto no âmbito pessoal como no profissional.

Assim como há situações de carreira que nos obrigam a sair da linha reta, com a família é igual. Os mesmos desafios e nuances que você encontra num lado existem no outro. Tudo parece correr bem, numa reta linear, até que um problema com um filho, por exemplo, lhe tira dela. Assim, você tem que tomar algumas decisões para seguir em frente.

A fé nos fortalece para superar as adversidades nos dois lados da balança, podendo variar, é óbvio, os níveis de razão e de emoção que você usará em cada decisão. Para manter a sua carreira de pé e a família também, muitas vezes você precisa ser mais racional, para mostrar o que é certo, educar.

Sem esquecer que somos todos seres humanos e filhos de um mesmo Pai.

Por isso acredito que, quando você leva essa força da fé e a presença de Deus para os dois ambientes, a linguagem e a postura ficam unificadas, em prol da sua vontade de se renovar sempre. Isso torna muito mais possível a realização da sua meta.

10

LIBERTE O SEU EXTRAORDINÁRIO

Quando achar que o sonho está muito distante, acredite que ele só existe para quem quer ser vencedor. Seja *in*. Invencível.

Quando sentir medo de sair da zona de conforto, lembre-se que seu lugar ideal não é aquele que traz estabilidade, mas sim o que traz possibilidades de se desafiar e de ser diferente de todos. Seja *in*. Indispensável.

Quando sentir desânimo, agradeça o amor de sua família, que é o seu melhor motivo para se jogar de corpo e alma naquilo que realmente importa e para sair de casa disposto a ser o melhor. Seja *in*. Imbatível.

Toda vez que você se refaz já é um vitorioso!

Crie novos sentidos, desafios, realizações para sua vida, seja lá onde for, pois a sua atitude vai ajudar a superar qualquer barreira.

Liberte o seu extraordinário e busque fazer diferente para ter novos resultados e se destacar de verdade.

Quando bater a dúvida sobre qual mundo quer ganhar, pense que ele está cheio de oportunidades para você seguir em frente. Seja *in*. INCONFORMADO.

Quando perceber que vem fazendo a mesma coisa dia após dia, quebre o automatismo, procurando ver o que os outros não veem e, assim, encontrar um horizonte sem fim. Seja *in*. Infinito.

Quando começar a tropeçar no arrependimento, na indecisão, na mágoa, levante a cabeça para enxergar condições de acelerar a forma como está caminhando e se entregar totalmente. Seja *in*. Intenso.

Toda vez que você se refaz já é um vitorioso!

Identifique curvas, atalhos, bifurcações e vias paralelas que poderão impulsionar seus sonhos, seus feitos, seu reconhecimento.

Liberte o seu extraordinário e busque fazer diferente para ter resultados diferentes e ser realmente relevante.

Quando perceber que deixou de fazer parte dos melhores programas e projetos, crie algo para tornar-se referência e passe a ser visto como essencial. Seja *in*. Importante.

Quando estiver recebendo um salário invejável, mas sentindo-se frustrado, tenha fé e força para conquistar seus sonhos. Seja *in*. Insuperável.

Quando perceber que não vem alcançando a projeção de que gostaria na vida, pergunte o que falta e corra atrás de seu sonho sem parar. Seja *in*. Incansável.

Toda vez que você se refaz já é um vitorioso!

Não perca nem mais um minuto reclamando. Aproveite cada novo minuto para estudar, planejar, executar, tornar-se um profissional e um ser humano melhor e inspirador.

A vida é muito curta para não sermos felizes!

Só depende de você se movimentar, com ética e caráter, para nunca ficar *out* do mercado, da sociedade, do merecimento de seus filhos, da proteção de Deus.

Liberte o seu extraordinário e busque fazer diferente para ter resultados diferentes e *ser sucesso* na essência.

Pois você é forte e nasceu para brilhar!

Este livro foi impresso pela
Edições Loyola em papel Lux Cream 70g.